Peter Stadelmann

Der Bach im Garten

Tolle Bach-Ideen mit Tips fürs Gestalten von Quelle und Wasserfall

Mit Fotos bekannter Natur- und Pflanzenfotografen
Zeichnungen: Marlene Gemke

Inhaltsübersicht

**Der Bach im Garten
Ein Wort zuvor**

Ein lebendiges Gewässer, das murmelnd oder plätschernd zwischen Gras und Blumen seinen Lauf nimmt – mit diesem GU Ratgeber wird es gelingen. Allerdings dürfen Sie keine Patentrezepte erwarten. Denn die Bachgestaltung hängt immer von den Gegebenheiten im eigenen Garten ab. Dafür bekommen Sie aber hier jede Menge Anregungen und Tips, wie Sie diese Bedingungen optimal nutzen können. Worauf es beim Anlegen eines Bachlaufs im Garten ankommt, erklärt Ihnen Bach-Experte Peter Stadelmann ausführlich in diesem GU Ratgeber. Erster wichtiger Schritt ist die richtige Planung des Baches von der Quelle bis zur Mündung. Auf Praxis-Seiten mit Zeichnungen erfahren Sie, wie Sie die Ufer richtig befestigen, Staustufen setzen und die Bachpumpe einbauen, durch die das Wasser erst richtig zum Fließen gebracht wird. Gestaltungsbeispiele zeigen Ihnen Bachtypen wie Wiesenbächlein oder Plätscherbach, dazu Details wie Staustufen, Quellen und kleine Wasserfälle. In Farbfotos und Pflegeanleitungen werden Pflanzen und Tiere vorgestellt, die im und am Bach gedeihen. Viel Freude an Ihrem Bach im eigenen Garten wünschen Ihnen Autor und GU Naturbuch-Redaktion.

5	**Vorbild Natur**
	Den Bach planen und anlegen
6	Romantische Naturparadiese
8	Bachmodelle, Quellen und andere Bach-Ideen
8	Wiesenbächlein oder Plätscherbach?
11	Der Bach als biologischer Filter
11	Inseln
12	Der Bach wird geplant
13	Bachlauf anlegen
14	PRAXIS Bachquellen
15	Wasserfälle
16	Materialien zum Bachbau
17	Holz am Bach
17	Erdarbeiten
18	PRAXIS Bach anlegen
18	Messen des Gefälles
18	Staustufen anlegen
19	Die Sumpfzone
20	Technik rund um den Bach
21	Wasseranschluß
21	Pumpen für den Bach
21	Filter für den Bach
22	Sicherheit und Recht rund um den Bach
22	Haftung bei Unfällen am Bach
24	PRAXIS Randgestaltung
25	Steilufer bepflanzen
25	Bachufer am Haus
25	Probelauf

27	**Leben am Bach**
	Sorgfältige Pflanzung und Pflege
28	Tips zum Pflanzenkauf
28	Geschützte Pflanzen
28	Gesunde Pflanzen erkennen
28	Der richtige Standort
28	Giftige Pflanzen
29	Pflanzen mit besonderen Ansprüchen
30	PRAXIS Bepflanzen

Gepflasterte Bachbetten eignen sich als Anlauf oder Überlauf.

Hechtkraut.

Hufeisen-Azurjungfer.

30 Pflanzzonen
30 Die richtige Pflanzerde
31 Einsetzen der Pflanzen
32 Pflege des Baches rund ums Jahr
34 Soforthilfe bei Pannen im Bach
36 Tiere im und am Bach
38 Fische im Bach
39 Fische überwintern

41 Pflanzen-Porträts
Pflanzen für den Bach

42 Erläuterung der Stichworte
44 Zarte Blüten und saftiges Grün am Rand und im Sumpf
45 Butomus umbellatus
45 Calla palustris
46 Caltha palustris
46 Carex pseudocyperus
47 Iris
48 Juncus effusus
48 Lysimachia nummularia
49 Lythrum salicaria
49 Menyanthes trifoliata
50 Mimulus luteus
50 Nasturtium officinale
51 Polygonum amphibium
51 Pontederia cordata
52 Primula-Arten
53 Ranunculus aquatilis
53 Ranunculus lingua
54 Sagittaria sagittifolia
54 Sparganium erectum
55 Tradescantia x andersoniana
55 Veronica beccabunga
56 Natürliche Regler - Unterwasserpflanzen
58 Farne für Quelle und Bach

60 Register

62 Literatur, Adressen

63 Impressum, Warnung und Hinweis

Der Autor
Peter Stadelmann ist Zoofachhändler sowie Ausbilder und Prüfer für Einzelhandelskaufleute im Zoofachhandel bei der Industrie- und Handelskammer in Nürnberg. Sein Spezialgebiet ist seit vielen Jahren die Planung, Anlage und Bepflanzung von Bächen im Garten, Gartenteichen und Wassergärten.

Die Fotografen
Die Fotos stammen von bekannten Natur- und Pflanzenfotografen (→ Fotografennachweis, Seite 63).

Die Zeichnerin
Marlene Gemke studierte an der Fachhochschule Wiesbaden Graphik-Design. Nach dem Abschluß machte sie sich als Grafikerin selbständig und führt seither Illustrationsaufträge für Verlage und Museen aus. Seit vielen Jahren zeichnet sie auch für den GU Naturbuch Verlag Tier- und Pflanzenmotive.

Wichtig: Damit die Freude an Ihrem Bach im Garten ungetrübt bleibt, beachten Sie bitte »Warnung und Hinweis« auf Seite 63.

Den Bach planen und anlegen
Vorbild Natur

Plätschernde, gewundene Bäche sind für viele der Inbegriff einer idyllischen Landschaft, die Sie gerne in den eigenen Garten holen möchten. Berücksichtigen Sie bei der Planung die Vielfalt an Formen und Pflanzen der Bachläufe in freier Natur, und Ihr kleines Fließgewässer wird sich Ihrer Wunschvorstellung annähern.

Foto oben: Ein Quellstein ist immer ein Blickfang. Foto links: Natursteine, zwischen denen sich der Bach seinen Weg suchen muß, erwecken den Anschein von Ursprünglichkeit. Von den Umweltbedingungen im Verlaufe von Jahrhunderten geformte Findlinge wie hier unterstreichen diesen Eindruck zusätzlich.

Romantische Naturparadiese

Das fröhliche Plätschern eines Bergbachs oder das leise Murmeln eines Bächleins, das sich durch Wiesen und Felder schlängelt, erfreut jeden Naturfreund. Leider wurden in der Vergangenheit viele dieser Fließgewässer einfach zugeschüttet, zu leblosen Betonkanälen begradigt oder als Müllhalde mißbraucht, und so finden Sie heute nur noch selten einen Bach, der in seinem natürlichen Bett die Landschaft durchzieht und dessen Vielfalt an Pflanzen und Tieren den Spaziergänger zum Verweilen einlädt. Um ein wenig von der früheren Schönheit festzuhalten, legen heute immer mehr Menschen einen Bach im eigenen Garten an.

Die Bäche in der Natur

In der Natur gleicht kein Bach dem anderen, sondern sie sehen so unterschiedlich aus wie die Landschaften, durch die sie fließen. Jeder einzelne Bach zeigt zwischen seiner Quelle und seiner Mündung ein immer wieder neues, ganz individuelles Bild. Die Länge eines Baches läßt sich schwer messen, da er streckenweise oft unterirdisch verläuft; die Breite reicht von wenigen Zentimetern bis zu einem Meter und mehr, und auch die Übergänge zum Fluß sind nicht genau festgelegt.

Aber unabhängig von der Größe haben alle Bäche gemeinsame Merkmale, nämlich
• die Bewegung des Wassers, das Fließen und Strömen,
• die Quelle, die den Beginn ihres oberirdischen Laufs kennzeichnet,
• die Mündung, die das Ende eines jeden Baches ist.
Münden kann ein Bach in einen Fluß, in einen größeren Bach oder in ein stehendes Gewässer, manchmal verschwindet er im Erdboden, um sich unterirdisch seinen Weg zu suchen und nach einer Weile wieder aufzutauchen oder sich mit dem Grundwasser zu vereinen.

Zwei Bachtypen lassen sich grob unterscheiden; ihre charakteristischen Merkmale sind auch für den Gartenbach-Liebhaber interessant:
<u>Der Bergbach</u> wird gekennzeichnet sowohl durch ein starkes Gefälle als auch durch den steinigen Untergrund in seinem oft V-förmigen Bett. Auffallend ist die hohe Fließgeschwindigkeit des Wassers. Es gibt ihn in vielen unterschiedlichen Formen, zum Beispiel als Hochgebirgsbach (Gletscherbach) oder als Mittelgebirgsbach.
<u>Der Wiesenbach</u> zeichnet sich durch einen sandigen bis kiesigen Grund aus. Seine oft sehr auffallenden Bachwindungen prägen sein Erscheinungsbild. Aufgrund seines geringen Gefälles nur langsam fließend, hat er sich beharrlich mit der Zeit seinen Weg durch die Landschaft gebahnt. Sein markantestes Merkmal sind die Mäander, sehr stark ausgeuferte Schlaufen; sie ziehen sich oft in so engen Schlingen durch das Gelände, daß man staunt, wie das Wasser überhaupt vorwärts kommt. Durch Schneeschmelze oder starke Regenfälle kann der Wiesenbach eine höhere Fließgeschwindigkeit entwickeln und sich etwa durch mitgeführte Äste gleichzeitig selbst Hindernisse in den Weg legen. Aber er räumt auch Hindernisse aus dem Weg, indem er sie unterspült. Dabei können durchaus Uferbäume und Böschungen wegsacken – so schafft sich der Bach ein neues Bett.

Die Natur als Vorbild

Wiesenbäche, die sich kilometerlang durch die Landschaft schlängeln, oder jene Bäche, die manchmal noch in ländlichen Gegenden die Gartengrundstücke durchziehen, sind unsere Vorbilder für den Bach im Garten. Was die Natur in Jahrhunderten hat wachsen lassen, kann man zwar nicht genau nachahmen, aber die vielen individuellen Merk-

Bäche in der Landschaft

Dieser alpine Quellbach prägt, von Menschenhand unberührt, das Gesicht der Landschaft.

male, die so ein Gewässer ausmachen, lassen sich an den natürlichen Bächen ablesen. Richtig angelegt und ins Gesamtbild Ihres Gartens eingepaßt, wird so ein künstlich angelegter Bachlauf zu einem Kleinod im Garten. Seine Gestaltungs- und Bepflanzungsmöglichkeiten sind so vielfältig, daß eigentlich jeder Gartenbesitzer seinen Garten mit einem Bach verschönern kann. Entlang des Baches entwickelt sich ein günstiges Kleinklima, das den Wuchs und das Gedeihen zahlloser Pflanzenarten fördert.

Aktion Bachpatenschaften

Wer zudem helfen möchte, die Bäche in der Natur zu erhalten beziehungsweise wiederzubeleben, kann sich an der »Aktion Bachpatenschaften« des Bundes für Umwelt- und Naturschutz Deutschland (BUND) beteiligen. Informationen dazu erhalten Sie bei den BUND-Ortsgruppen (im Telefonbuch nachschlagen; Adresse des Dachverbandes Seite 62).

Vorbild Natur

Bachmodelle, Quellen und andere Bach-Ideen

Für die Gestaltung eines Baches im Garten gibt es zwar einige Regeln, doch wie der fertige Bach aussieht, hängt von den Gegebenheiten des Grundstücks und von Ihren Vorstellungen ab.

Ein Bach – Ergänzung oder Alternative zum Gartenteich?

Beides ist möglich. Wer eine reizvolle Ergänzung zu seinem Gartenteich oder eine Verbindung zwischen zwei Teichen haben möchte, ist mit einem Bach sicher gut beraten. Aber auch »solo« hat er seine Reize. Bach mit Teich: Die Quelle wird vom Teichwasser gespeist, der Bach mündet in den Teich. Eine Wasserpumpe, die im Teich oder in einem speziellen Schacht steht, leitet das Wasser über einen Schlauch zur Quelle. Es durchfließt den Bach und läuft über einen kleinen Wasserfall wieder in den Teich. Der Bach kann so sogar zur Erhaltung des biologischen Gleichgewichts im Teich beitragen (→ Der Bach als biologischer Filter, Seite 11). **Mein Tip:** Wer einen Naturteich hat, sollte den Bach mit einer schwächeren Pumpe betreiben. Das schwach fließende Wasser wird das Leben im Na-

turteich positiv beeinflussen. Bach ohne Teich: Dieser Bach bildet einen selbständigen Wasserkreislauf, bei dem ein Gartenschlauch die Pumpe, die in einer Sammelgrube steht, mit der Quelle verbindet. So entsteht ein selbständiger Wasserkreislauf, der nur unterbrochen wird, wenn die Pumpe abgestellt wird.

Wiesenbächlein oder Plätscherbach?

Es gibt zwei Grundmodelle, die sowohl mit Teich als auch ohne angelegt werden können.

• Der Wiesenbach: Bei geringfügigem Gefälle bringen die von der Pumpe umgewälzte Wassermenge, kleine Überläufe und kleine Wasserfälle diesen Bach in sanftes, leises Fließen. Wasserpflanzen wiegen sich in der Strömung. Plätschern hören Sie das Wasser hier nur an der Quelle. Das Anlegen des Wiesenbaches ist nicht schwierig. Große S-Schlingen, Verengungen und Erweiterungen sowie unterschiedliche Tiefen geben ein abwechslungsreiches, interessantes Bachbett (→ Bachlauf anlegen, Seite 13). Das Gefälle spielt so gut wie keine Rolle. Der Bach fließt durch die Kraft der Wasserpumpe, denn alles Wasser, das Sie an der Quelle hineinpum-

pen, fließt durch das Bachbett und verläßt es am Ende wieder. Das Bachbett sollte an der Mündung etwas abgeflacht sein, damit das Wasser leichter in den Teich oder in die Sammelgrube fließt. Ein kleiner Wasserfall am Bachanfang oder ein nur 20 cm hohes Hügelchen, auf dem die Quelle plaziert wird, schafft ohne großen Aufwand die Abstufung, über die das Wasser laufen und sich in den Bach ergießen kann. Länge und Breite können Sie so wählen, daß der Bach sich harmonisch in Ihren Garten einfügt. Eine Pumpe mit einer Literleistung von 540 l pro Stunde hält den Wiesenbach am Fließen. Höhere Pumpenleistungen sind nötig, wenn der Bach über eine oder mehrere Stufen laufen soll (etwa ab 25 bis 30 cm Gesamtgefälle).

• Der »Plätscherbach«: Beim Anlegen dieses Bachtyps sollten Sie folgende Dinge beachten: Staustufen – mehrere kurz hintereinander – sind das markanteste Kennzeichen des Plätscherbaches (→ Foto, Seite 9). Die Stufen können kurz oder lang sein. Langgestreckte Segmente bilden für sich genommen eine Art Miniteich, der jeweils eine unterschiedliche Form, Tiefe und Breite haben kann. Das Wasser sammelt sich darin und plätschert durch eine

Über Kaskaden und Staustufen plätschert der Bach munter durch den Garten.

Vorbild Natur

Der Steg muß an beiden Bachufern fest aufliegen; er darf nicht wackeln oder schwanken.

mehr oder weniger breite Überlauföffnung von einer Staustufe zur nächsten (→ Staustufen anlegen, Seite 18).
Die Staustufen können Sie perlschnurartig aneinanderreihen, aber auch gut durch längere, ungestufte Bachabschnitte miteinander verbinden. Diese Abschnitte lassen sich mit Verengungen, Erweiterungen oder Sumpfzonen abwechslungsreich gestalten (→ Bachbett, Seite 12).
<u>Ein Gefälle</u> besitzt der Bach durch seine stufenförmige Bauweise. Das Gesamtgefälle ergibt sich aus der Höhendifferenz zwischen dem Wasserspiegel der ersten und der letzten Staustufe.
<u>Die Länge und Breite</u> des Baches können Sie den Gegebenheiten Ihres Gartens anpassen. Achten Sie nur darauf, daß die Höhendifferenz zwischen den einzelnen Staustufen nicht zu groß ist. In der Regel sieht es besser aus, wenn Sie mehrere jeweils 10 bis 20 cm hohe Stufen anlegen als wenige hohe.
<u>Die Pumpe</u> muß leistungsstark sein, da sie das Wasser über das Gcsamtgefälle hinweg zur Quelle drücken muß. Achten Sie beim Kauf auf die Förder-

Biologischer Filter

höhe der Pumpe (→ Pumpen, Seite 21)

Hinweis: Wird die Pumpe abgestellt, läuft der Bach nicht leer, denn jede Staustufe, jede Vertiefung innerhalb des Bachbetts bleibt bei der kaskadenförmigen Anlage mit Wasser gefüllt. Die abfließende Wassermenge führt so auch nicht zu Überschwemmungen.

Ein Bach am Hang hat in der Regel ein größeres Gefälle. Hier können Sie das gewünschte Gesamtgefälle Stufe um Stufe in den Hang eingraben oder nur einen Teil des Gefälles stufenförmig aufbauen und den restlichen Höhenunterschied anders überwinden, etwa mit einem Wasserfall oder mit einer Brunnenquelle, die den Anfang des Baches bildet.

Mein Tip: Staustufen, die in den Hang gegraben werden, sollten seitlich mit Rund- oder Kanthölzern gestützt werden (→ Staustufen anlegen, Seite 18).

Der Bach als biologischer Filter

Soll der Bach als biologischer Filter für den Teich genutzt werden, empfiehlt sich das Modell Wiesenbach mit einem kleinen Gefälle. Seine Filterfunktion erfüllt der langsam fließende Bach, indem grobe Abfallpartikel festgehalten und organische Abfälle durch lebende Bakterien in Nährstoffe umgewandelt werden, die von den Pflanzen aufgenommen werden.

Als Faustregel für die Bachlänge gilt: Pro m^3 Teichwasser rechnet man 1,50 m Bachlänge. Ein etwa 6 m^2 großer Gartenteich enthält etwa 4 m^3 Wasser, der Bach sollte also 6 m lang sein. Wichtig für die Filterfunktion ist, daß der Bach immer fließt. Er darf nie länger als 2 bis 3 Stunden abgestellt werden, sonst sterben die Bakterien ab, und die Reinigungskraft ist vorübergehend stark eingeschränkt.

Inseln

Ein schönes Gestaltungselement sind kleine Inseln im Bach. Sie dienen als Landeplatz für Vögel, als Strömungsbrecher und als Siedlungsfläche für Pflanzen, die der Wasserreinigung dienen.

Und so wird's gemacht:
• Je nach Größe der Insel einen oder mehrere Pflanzkörbe mit Böschungsmatten auskleiden.
• Sandiges Substrat wie etwa nährstoffarme Kakteenerde verwenden. Lehmiger Bausand ist nicht zu empfehlen, der Lehm wird ausgewaschen und verstopft Überläufe und Filter.
• Körbe, die Sie zusammenstellen, mit rostfreiem Draht miteinander verbinden.
• Körbe so ins Wasser stellen, daß die Inseloberfläche höchstens 2 bis 3 cm über den Wasserspiegel ragt, notfalls flache Steine unterlegen.
• Zum Begrünen der Insel eignen sich alle Pflanzen, die gerne im Wasser stehen, zum Beispiel Sumpfdotterblumen, Sumpf-Iris, Schwanenblume, Pfennigkraut, Fieberklee, Schilf oder Kleine Rohrkolben.
• Als Landeplatz für Vögel empfiehlt sich eine Rasensode, auf die ein flacher Stein gelegt wird.

Mein Tip: Diese Pflanzeninseln sind ideal, um strömungsarme Ruhezonen – sogenanntes Kehrwasser – für Bachtiere zu schaffen.

Planungshilfen fürs Anlegen eines Plätscherbaches

Für die Förderhöhe der Pumpe gilt: Bei halber genutzter Förderhöhe ist die Literleistung der Pumpe zufriedenstellend.

Bachlänge	6 m	12 m	20 m
Gesamtgefälle	30 cm	75 cm	140 cm
langgestreckte Staustufen	3	5	7
Höhenunterschied	10 cm	15 cm	20 cm
benötigte Pumpleistung	65 Watt	110 Watt	240 Watt
(Liter pro Stunde)	3000 l/h	5000 l/h	9000 l/h

Vorbild Natur

Der Bach wird geplant

Damit der Bach richtig fließt, plätschert und murmelt, muß er gründlich geplant und so angelegt werden, daß er ins Gesamtbild des Gartens paßt. Da es kein Einheitsrezept für die Anlage eines Baches gibt, sollten Sie zuerst eine Planskizze auf Papier anfertigen, die dann in den Garten übertragen wird. (→ Zeichnung, Seite 13).

Das Gefälle

Sie benötigen keinen großen Höhenunterschied, um den Bach zum Fließen zu bringen, eine geringe Neigung reicht aus, vor allem beim Wiesenbach. Beim Plätscherbach ergibt sich durch Staustufen ein mehr oder weniger großes Gefälle, je nach Länge des Bachs. Es empfiehlt sich, vorhandene Geländeunterschiede vorher mit Hilfe einer Schlauchwaage zu messen.(→ PRAXIS Bach anlegen, Seite 18)
Drei Grundregeln gelten fürs Anlegen eines Gefälles:
• Am höchsten Punkt liegt die Quelle.
• Ein Bachgefälle muß durchgehend sanft abfallen. Mit einer stark erhöhten Quelle und anschließend ebenem Bach fließt zwar das Wasser, jedes Leben wird jedoch aus dem Bachbett weggespült.

• Soll Ihr Bach ein starkes Gefälle aufweisen, müssen Sie Staustufen einbauen. Sie können allerdings mal länger, mal kürzer, mal breiter oder schmäler sein (→ Staustufen anlegen, Seite 18).
Wichtig: Anböschungen für Quelle und Gefälle müssen mit Hilfe von Latten, Bohlen, Rund- oder Kanthölzern abgestützt werden, sonst halten sie nicht lange.

Länge und Verlauf

Schon auf einer Strecke von 3 m läßt sich ein Bächlein anlegen, doch richtig zum Fließen kommt das Wasser erst ab einer Länge von etwa 6 m. Ein Bach soll ja mäandern, also in weitgeschwungenen S-Schlingen über den Rasen, um Bäume oder am Zaun entlang verlaufen. Wichtig ist, daß die Bachschlingen nicht in spitzen Winkeln geführt werden, sonst tritt das Wasser leicht übers Ufer. Je länger der Bach, desto mehr Staustufen sind nötig und desto mehr muß die Pumpe leisten, wenn der Bach ordentlich fließen und plätschern soll.

Das Bachbett gestalten

Das Aussehen eines Bachbettes ist so lebendig wie das Wasser, das darin fließt. Von der Quelle bis zur Mündung können sich Breite, Tiefe und Verlauf des Betts verändern. Kleine Einbuchtungen, Stauzonen bis hin zu breiten Sumpfzonen entlang des Ufers, Staustufen, Steine, Kies im Bachbett oder unterschiedliche Tiefen verleihen dem Wasser Lebendigkeit und beeinflussen die Fließgeschwindigkeit.
Die Bachbreite: Die durchschnittliche Breite des Baches sollte etwa 50 cm betragen, doch durch breitere und schmalere Abschnitte abwechslungsreich gestaltet werden. Schmalere Bäche (unter 50 cm) sind eher Rinnsale, die aber auch sehr hübsch aussehen können.
Die Bachtiefe: Eine durchschnittliche Tiefe von 25 cm reicht völlig aus, doch auch hier sollten sich unterschiedliche Wassertiefen abwechseln. Sie können das Bachbett gleich mit unterschiedlichen Tiefen ausgraben, es aber auch streckenweise mit der größten Tiefe ausgraben und die Flachzonen später aufbauen (→ PRAXIS Bach anlegen, Seite 18).
Die Fließgeschwindigkeit: Ein richtiger Wildbach läßt sich im Garten nicht realisieren. Auch im »Plätscherbach« soll das Wasser langsam fließen. Nur auf kürzeren Abschnitten können Sie den Bach auch einmal zum Rauschen bringen.
Die gewünschte durchschnittlich langsame Fließgeschwin-

Bach planen

digkeit erreichen Sie durch unterschiedliche Wassertiefen, Hindernisse wie Steine mitten im Bach, Verengungen und Erweiterungen, Inseln und Staustufen.
Als Faustregel gilt: Verbreitern macht den Bach langsamer, verschmälern schneller. Genauso wirkt auch das Verändern der Überlauföffnungen der Staustufen: tiefer = schneller, flacher = langsamer (→ Staustufen anlegen, Seite 18).

Quelle und Mündung

An der Quelle beginnt der Bach. Hier wird das Wasser (auch das Frischwasser) eingeleitet, per Pumpe aus dem Teich oder – beim Bach ohne Teich – mit Hilfe eines Gartenschlauchs oder mit PVC-Rohren aus einer Sammelgrube. (→ Wassersammelgrube anlegen, Seite 19).
Die Mündung, also das Ende des Baches, bildet ein Teich oder eine Sammelgrube. Wenn das Wasser über einen kleinen Wasserfall in den Teich fließen soll, legen Sie den Bach insgesamt etwas höher, damit genügend Gefälle für den Wasserfall übrigbleibt.
Beim Bach ohne Teich sollten Sie vor der Sammelgrube eine Sumpfzone oder ein Kiesbett anlegen. Das hält Schwebepartikel, Blätter und kleine Tiere sowie Jungfische von der Pumpe fern.

Bachlauf anlegen

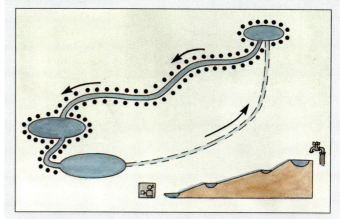

Mit Hilfe kleiner Holzpflöcke und einer Schnur legen Sie den Bachlauf fest (obere Zeichnung). Ausbuchtungen, Kolke und das Gefälle werden von Anfang an berücksichtigt. Von der Quelle als dem höchsten Punkt fließt das Wasser über Staustufen in einen Teich oder wie hier in eine Sammelgrube und wird von dort aus hochgepumpt (Pfeile in den Zeichnungen). Die untere Zeichnung zeigt den fertig angelegten Bach.

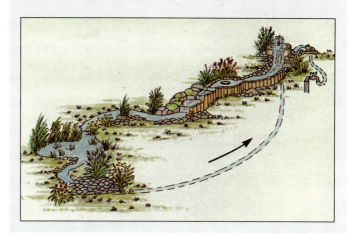

Vorbild Natur

Praxis: Bachquellen

Diese Quellen werden beim Wiesenbach ebenerdig gebaut, beim Plätscherbach in den entstehenden Quellhugel integriert.

Der »Quelltopf«
Zeichnung 1

Einer natürlichen Quelle am nächsten kommt der »Quelltopf«.
Und so gehen Sie vor:
• Die Mulde ausheben; die Wände müssen zum Bach hin niedriger sein, damit das Wasser in den Bach laufen kann.
• Die Mulde so mit Folie auskleiden, daß die Verbindung zur Bachfolie wasserdicht ist.
• Folie am Rand über große Steine ziehen.
• Den Schlauch zwischen Kieseln einbetten und durch ein verzinktes Gitter führen.
• Steine so auf das Gitter legen, daß sie das Schlauchende in der Senkrechten halten.

Mühlstein als Quelle
Zeichnung 2

Durchbohrte Mühlsteine gibt es in unterschiedlichen Größen aus Naturstein und Kunststoff. Die Mulde wird wie beim Quelltopf (→ Zeichnung 1) angelegt. Mit einer Wasserwaage darauf achten, daß die Steine und das Gitter genau waagrecht liegen, sonst läuft das Wasser später nicht gleichmäßig nach allen Seiten. Um ein Knicken des Schlauches zu vermeiden, das Wasser über sogenannte Fittings in den Quellstein führen. Das sind gerade Rohrstücke, Bögen und Winkel, die genau ineinander passen und miteinander verklebt werden.
Mein Tip: Baustücke zusammensetzen, probieren, ob die Wasserführung stimmt, und erst dann mit dem Kleber verbinden.

Quellbecken mit Wasserspeier
Zeichnung 3

Das Quellbecken wird mit Rundhölzern, Palisaden oder Mauersteinen errichtet. Der Wasserspiegel soll dabei im Becken höher liegen als im folgenden Bachabschnitt (in der Zeichnung folgt eine Staustufe). Festgelegt wird der Wasserspiegel mit Hilfe eines Überlaufbretts, in das in der gewünschten Wasserhöhe eine halbrunde Öffnung geschnitten wird. Beim Anlegen folgendes beachten:
• Die Rundhölzer müssen so lang sein, daß ein Drittel in die Erde versenkt werden kann.
• Das Überlauf- oder Staubrett sitzt im Falz der Palisaden.
• Mit Teichfolie abdichten (Abdichtung wie bei Staustufen, → Seite 18).
• Den Wasserspeier kippsicher auf den Palisaden anbringen.
Hinweis: Schließt sich eine Staustufe an, die mit waagrecht gelegten Bohlen gestützt wird, so werden die Bohlen an die Innenseite der Palisaden gelegt.

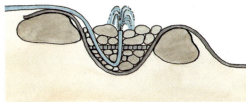

1 »Quelltopf«. Aus ihm dringt das Wasser ohne Plätschern. Er paßt besonders gut zu naturnah gestalteten Bächen.

2 Einen Blickfang bildet die mit einem Mühlstein angelegte Quelle.

Praxis: Quellen und Wasserfälle

3 Den Wasserspeier unbedingt kippsicher anbringen.

4 Regenwasser läßt sich gut in einem Palisaden-Becken sammeln.

Wasserzufuhr aus der Regenrinne
Zeichnung 4

Wer Regenwasser nutzen möchte, kann am Fallrohr der Regenrinne zwei wie unter Zeichnung 3 beschriebene Palisaden-Becken anlegen. Beide werden mit Folie abgedichtet. Das erste, das als Vorfilter dient, wird mit großen Kieseln gefüllt, das andere fungiert als Sammelbecken. Über ein mit Kies gefülltes Bachbett wird das Regenwasser zum Bach geleitet – nur bei Ziegeldächern! Bei Teer- oder Flachdächern von Garagen gelangt mit dem Regenwasser zu viel Schmutz in den Bach.
<u>Frischwasserzufuhr:</u> Um dem Bach auch in Trockenzeiten Wasser zuführen zu können, verlegen Sie vom Leitungswasseranschluß zum Bach zusätzlich einen Gartenschlauch.

Wasserfälle
Zeichnung 5

Durch einen Wasserfall reichert sich das Wasser mit Sauerstoff an, was der Wasserqualität zugute kommt. Jeder Wasserfall braucht ein stufiges, nicht zu steiles Gefälle. Wenn der Bach über einen Wasserfall in den Teich oder in die Sammelgrube münden soll, beginnt man den Bau an der Mündung, damit später für den restlichen Bachlauf genug Gefälle übrigbleibt.
<u>Bei einem kleinen Wasserfall</u> aus Bach- oder Treppenschalen (→Zeichnung 5) genügt es, einen kleinen Erdhügel aufzuschütten und die einzelnen Schalen mit einer etwa 5 bis 10 cm hohen Kiesschicht zu unterfüttern. Eine Abdichtung mit Folie ist bei den speziellen Bachschalen nicht nötig.
<u>Bei einem großen Wasserfall</u> aus schweren Treppensteinen oder Natursteinen ist ein solider Unterbau aus Holzschwellen oder Mauersteinen nötig. Er muß auch seitlich mit Rund- oder Kanthölzern abgestützt werden (Abstützung wie bei den Staustufen, → Bach anlegen, Seite 18).
Mein Tip: Bei Wasserfällen immer einige Steine als Strömungsbrecher auf die Treppen legen, damit das Wasser nicht einfach nur niederrauscht.

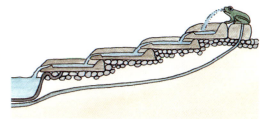

5 Ein kleiner Wasserfall aus Bachschalen muß mit einer 5 bis 10 cm hohen Kiesschicht unterfüttert werden.

Materialien zum Bachbau

Die Planung des Bachverlaufs ist abgeschlossen, nun müssen Sie überlegen, welche Materialien zum Bau benötigt werden. Am leichtesten läßt sich ein abwechslungsreicher Bach mit Teichfolie abdichten und gestalten.

Folienbach

Geeignet ist Teichfolie mit einer Stärke von 1 mm, die der Belastung durch Steine, Staustufen oder Wasserfälle standhält.

Folienbedarf berechnen: Hierzu messen Sie das Bachbett abschnittsweise zuerst quer, dann längs mit einem Gartenschlauch aus, multiplizieren die Werte miteinander und berechnen so die benötigte Quadratmeterzahl.

Wichtig: Die Folie muß am Bachufer 20 bis 30 cm überlappen.

Folie verlegen: Teichfolie gibt es als Meterware oder Rollenware ab 2 m Breite. Bei genauer Berechnung des Folienbedarfs können Sie die Bahnen für Ihren Bach vom Hersteller verschweißen lassen. Mit Hilfe von speziellem Quellschweißmittel und Folienkleber können Sie das Verschweißen auch selbst vornehmen. Beim Quellschweißmittel benötigen Sie etwa 1 l für 20 m Naht. Eine zusätzliche Nahtkantenversiegelung mit Folienkleber verhindert, daß Schmutz oder Wurzeln zwischen die Folienlagen dringen.

Verbinden der Folienbahnen: Folienbahnen nebeneinander auf ein Brett legen, 5 cm überlappen lassen, Quellschweißmittel oder Kleber mit einem Flachpinsel zwischen die Bahnen streichen, Klebestelle mit einer Gummirolle fest andrücken, den geklebten Abschnitt 5 bis 10 Minuten mit einem Sandsack beschweren.

Wichtig: Die Folienbahnen so kleben und verlegen, daß jede Überlappung bachabwärts zeigt. In Nahtstellen, die gegen die Strömung gerichtet sind, kann das Wasser auf Dauer Schmutz- und Sandpartikel in die Naht spülen.

Sicherheitsratschläge: Quellschweißmittel und Folienkleber sind bei unsachgemäßer Anwendung gesundheitsgefährdend.
• Bei der Verwendung aller Klebemittel genau an die Gebrauchsanweisung halten.
• Nur im Freien, niemals in geschlossenen Räumen arbeiten.
• Halten Sie beim Arbeiten Kinder und Haustiere fern und bewahren Sie alle Mittel unerreichbar auf.
• Offenes Feuer und Rauchen sind streng untersagt.
• Reste von Quellschweißmittel und Folienkleber gehören in den Sondermüll.

Bachschalen und Fertigbach

Geformte Fertigteile aus Naturstein oder Kunststoff, sogenannte Bachschalen, eignen sich besonders gut für die Gestaltung kurzer Bäche. In Kombination mit Folie können Sie damit auch einzelne Abschnitte längerer Bäche, etwa Wasserfälle, gestalten.

Fertigbach: Im Handel gibt es ein Baukastensystem aus Kunststoffsegmenten, mit denen ein Bach von Anfang bis Ende zusammengebaut werden kann. Neben den Formen für die Bachstrecke gibt es Höhenausgleichsteile, Bogenteile für die S-Schlingen und Zwischenstücke für Sumpfzonen. Die Teile sind so konstruiert, daß der Bach bei abgestellter Pumpe nicht leerlaufen kann. Eine gute Bauanleitung wird mitgeliefert (→ Adressen, Seite 62).

Kies und Steine

Steine und Kies in verschiedenen Größen werden benötigt,
• um den Boden, die Bachsohle, zu bedecken, damit man so wenig wie möglich von der Folie sieht.
• um Hindernisse zu schaffen, die den Wasserfluß lenken, kleinere und größere Wirbel entstehen lassen, und um Ruhezonen zu schaffen, die Lebensraum für nicht strömungsfeste Tiere und Pflanzen bieten.

Materialien

- für die Uferbefestigung und Randgestaltung (→ PRAXIS-Seiten 24 und 25).
- als Füllmaterial für einzelne Bachabschnitte (→ Bachabschnitte mit Wasserklärfunktion, Seite 18).

Geeignet sind: Kies, Waschbetonriesel oder Quarzkies, Flußkiesel und Natursteine. Kies oder Kiesel gibt es in Körnungen von 2 bis 300 mm.

- Als Grundmaterial zum Auskleiden des Bachbetts eignen sich faustgroße, runde Kiesel und flache Natursteine ohne scharfe Kanten.
- Hindernisse können Steinaufbauten sein oder einzelne große Steine.
- Als Füllmaterial für Bachabschnitte, die mit einheitlicher Tiefe angelegt sind, eignet sich Kies in der Körnung 5 bis 7 mm oder Quarzkies in unterschiedlicher Körnung.

Wichtig: Keine Kalkriesel oder kalkhaltigen Steine verwenden, sie würden den Säuregrad des Wassers (pH-Wert) unerwünscht in die Höhe treiben.

Holz am Bach

Zum Abstützen von Erdanschüttungen, für Gefälle und Quellhügel läßt sich Holz am leichtesten verarbeiten. Am haltbarsten ist kesseldruckimprägniertes Holz. Hier müssen Sie nicht mit Holzschutzmitteln hantieren.

Wichtig: Imprägniertes Holz darf nicht mit Bachwasser in Berührung kommen, was durch die Folie ja gewährleistet ist. Bei Staustufen jedoch läuft das Wasser übers Holz, deshalb hier nur unimprägniertes Holz verwenden, das allerdings verwittert und ab und zu ausgetauscht werden muß.

Die Erdarbeiten

Das Bachbett muß sorgfältig modelliert werden. Beginnen Sie beim Bachende und legen Sie den Bach Stück um Stück mit all seinen Verengungen, Erweiterungen, Vertiefungen und Staustufen an. Erst wenn der Bach weitgehend seine gewünschte Gestalt angenommen hat, legen Sie die Folie ein.

Bachlauf aus industriell gefertigten Schalen.

Praxis: Bach anlegen

Messen des Gefälles

Messen Sie das Gefälle mit der Schlauchwaage: In beide Enden eines Gartenschlauchs PVC-Röhrchen stecken. Den Schlauch mit Wasser füllen und ein Schlauchende am Bachanfang, das andere am Bachende an einem Pfahl so festbinden, daß das Wasser im Röhrchen zu sehen ist. Nun bei beiden Enden den Abstand zwischen Erdboden und Wasserspiegel im Röhrchen messen. Die Differenz ergibt das vorhandene Gesamtgefälle.

Reicht das Gefälle nicht für den geplanten Bach, muß aufgeschüttet werden, ist es zu groß, wird abgegraben.
Mein Tip: Beginnen Sie mit dem Bachanlegen stets am Bachende, also am tiefsten Punkt. Ein Gefälle läßt sich so leichter anlegen.

Bachabschnitte mit Wasserklärfunktion
Zeichnungen 1a und 1b

Bachabschnitte mit einer einheitlichen Tiefe sind ideal als biologische Wasserklärer.
• Für eine Wassertiefe von etwa 25 cm das Bachbett 40 bis 50 cm tief ausgraben. So ist Platz für die etwa 15 bis 25 cm dicke Kiesschicht, die später als Wasserklärer fungiert.
• Wenn alle Bachabschnitte gestaltet sind, ein Schutzvlies und die Folie einlegen.
• Mit Kies (Körnung 3 bis 5 mm) so weit füllen, daß die gewünschte Wassertiefe über dem Kies bleibt.

Staustufen anlegen
Zeichnung 4

Mit Hilfe von Rund- und Kanthölzern lassen sich Staustufen am leichtesten anlegen. Für gerade laufende Segmente nehmen Sie Bretter oder Bohlen.
<u>Anlegen:</u> Erst die Hölzer anbringen, dann Staustufen mit Hilfe von Erde, Kies oder Holzschwellen aufbauen. Die Hölzer müssen so lang sein, daß etwa die Hälfte in die Erde getrieben werden kann und die andere Hälfte die gewünschte Stützhöhe der jeweiligen Staustufe ergibt.
• Markieren Sie alle gewünschten Staustu-
fen, stecken Sie Breite, Länge und Verlauf der einzelnen Stufen ab.
• Graben Sie die Hölzer dicht an dicht ein.
• Waagrechte Bretter an der Innenseite der senkrechten Hölzer anbringen.
• In den so entstandenen Staustufenbetten nun das Innere der Stufe aufbauen. Die einzelnen Segmente können unterschiedlich tief sein, müssen aber jeweils waagrecht sein.
• In das Staubrett, das jede Stufe begrenzt, eine halbrunde Überlauföffnung schneiden. Die Öffnung nicht zu groß machen, sonst verteilt sich das Wasser über eine zu breite Staukrone und rinnt nur müde über die Kante.

1 <u>Bach anlegen:</u> a In das Bachbett zuerst ein Vlies, dann die Folie einlegen.

b Dann 15 bis 20 cm hoch feinen Kies einfüllen.

2 <u>Die Sammelgrube</u> muß sicher und fest abgedeckt sein.

Praxis: Anlegen

3 Eine mit Binsen bepflanzte Sumpfzone vor der Mündung hält groben Schmutz vom Teich fern.

• Das Staubrett in den Falz der Hölzer einsetzen.
<u>Abdichten der Staustufen:</u> Jedes Stausegment separat mit Folie abdichten. Die Folie über eine Leiste wickeln und am Holz festnageln. Aufpassen, daß sie allseitig am Boden aufliegt (keine »Hängematte«). Die Folie so bemessen, daß Sie sie schürzenartig etwa 20 cm weit über die Überlauföffnung ziehen können. Die Überlappung einschneiden, damit sie sich glatt an das Staubrett legen läßt. Die »Schürze« mit Stiften am Brett befestigen oder antackern. Darüber ein Vorsatzbrett schrauben; die Schrauben dürfen die Folie auf der anderen Seite nicht durchstoßen!

Andere Möglichkeit: Keine Schürze und die Folie zwischen Staubrett und Vorsatz legen, beide Bretter fest miteinander verschrauben (Bretter vorbohren).

Die Sumpfzone
Zeichnung 3

Eine etwa 20 bis 30 cm tiefe Sumpfzone vor der Mündung hält Schwebepartikel und Blätter vom Sammelbecken oder Teich fern. Zur Klärung des Wassers werden über die gesamte Fläche verteilt einige Binsen gepflanzt. Ein kleiner Wasserfall am Ende der Sumpfzone frischt durch Sauerstoffanreicherung das Wasser noch einmal auf.

Wassersammelgrube anlegen
Zeichnung 2

Der Bach mündet in eine Sammelgrube. Ihr Fassungsvermögen hängt von der verwendeten Pumpe ab: Bei Pumpen mit einer Leistung bis 1000 l/h reicht eine Grube, die 300 l Wasser faßt (etwa 70 cm breit, 70 cm lang, 60 cm tief). Bei stärkeren Pumpen muß die Grube größer sein, bei einer Literleistung von 3000 l/h sollte sie etwa 2000 l fassen.
• Die Grube mit Folie auskleiden.
• In die Grube einen U-Stein mit den Schenkeln nach unten stellen.
• Die Pumpe zwischen den Schenkeln des U-Steins plazieren.

• Zum Abdecken der Grube einen stabilen Gitterrost auf den U-Stein legen und ihn mit Steinen oder Holzdeckel bedecken.

Sickergrube anlegen

Eine Sickergrube, die durch eine Überlaufrinne mit der Sammelgrube verbunden ist, verhindert, daß das Bachwasser bei starken Regenfällen das Ufer überflutet. Angelegt wird die Grube zum Beispiel mit Hilfe eines Kompostrings, der mit Kies gefüllt wird. Als Verbindung dient ein Stück Dachrinne oder eine aus Folienresten geformte Rinne, die mit Kies ausgelegt wird.

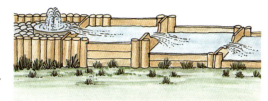

4 <u>Staustufen</u> lassen sich am leichtesten mit Hilfe von Rundhölzern und Brettern anlegen. Die Hölzer dabei zur Hälfte ihrer Länge in die Erde treiben.

Vorbild Natur

Eine ausgediente Pumpe speist das Wasser in einen Steintrog, der zu einer Seite hin in den Bach überläuft.

Holzbohlen fassen diese Quelle.

Technik rund um den Bach

Um den Bachbetrieb in Schwung zu halten, sind Wasser und Strom für die Pumpe und ein Ansaugloch als Grobfilter nötig. Stromkabel und Schläuche müssen sicher, fachgerecht und möglichst unsichtbar verlegt werden, damit der Bachlauf seinen natürlich wirkenden Charakter behält.

Stromanschluß

Wasserpumpe und Filter benötigen zum Betreiben einen Stromanschluß in der Nähe. Das Verlegen und Anbringen der Anschlüsse sollte unbedingt von einem Fachmann übernommen werden. Vorher können Sie selbst ein Schutzrohr für das Kabel (zum Beispiel PVC-Rohr mit 2,5 cm

Sicherheit

Durchmesser) spatentief eingraben. Das Gefälle muß dabei vom Haus wegführen, damit die Feuchtigkeit im Rohr vom Haus wegläuft.

Wasseranschluß

Wenn sich in der Nähe des Baches kein Wasseranschluß befindet, ist es am einfachsten, einen stabilen Gartenschlauch zwischen vorhandener Zapfstelle und Quelle spatentief in der Erde zu vergraben.
Ein Pumpschlauch stellt die Verbindung zwischen Teich oder Sammelbecken und Quelle her. Nehmen Sie hierfür keinesfalls einen einfachen Plastikgartenschlauch, sondern einen besonders hochwertigen Qualitätsschlauch, der hohen Druckbelastungen und Frost gewachsen ist. Der Pumpschlauch wird etwa einen Spaten tief in die Erde verlegt und sein Verlauf markiert oder fotografiert, damit Sie ihn später bei Umgrabarbeiten nicht beschädigen und ihn auch wiederfinden.

Pumpen für den Bach

Die Wasserpumpe ist sozusagen das Herzstück eines Gartenbachs. Umwälzpumpen lassen den Bach Tag und Nacht fließen. Empfehlenswert ist eine Tauchpumpe, die unterge-

taucht arbeitet und das Wasser durch den Schlauch bis zur Quelle drückt. Beim Kauf darauf achten, daß den Herstellerangaben nach die Pumpe für den Betrieb unter Wasser geeignet ist.
Wichtig: Pumpen müssen das VDE- oder das gültige TÜV-Zeichen tragen.
Pumpenleistung: Pumpen mit einer Literleistung zwischen 540 l (16 Watt) und 2000 l (19 Watt) reichen für den Bachbetrieb aus, solange kein größeres Gesamtgefälle zu überwinden ist. Bei einem Gesamtgefälle von mehr als 25 bis 30 cm sind höhere Wattzahlen nötig. Die Förderhöhe der Pumpe wird in mWs = Meter/Wassersäule angegeben. Als Faustregel gilt: Bei halber genutzter Förderhöhe ist die Literleistung der Pumpe zufriedenstellend. Bei voll genutzter Förderhöhe läuft kein Wasser mehr.
Schwimmschalter: In großen Bächen, bei denen viel Wasser verdunstet, hält ein Schwimmschalter im Sammelbecken den Wasserstand immer so, daß die Tauchpumpe nicht trockenläuft.
Ansaugkorb: Er wird an der Ansaugöffnung der Pumpe befestigt und verhindert, daß Schmutz, Pflanzenreste oder kleine Lebewesen die Ansaugöffnung verstopfen. Er muß von Zeit zu Zeit gereinigt werden.

Solarpumpen

Strom und Geld sparen Sie, wenn Sie eine Solarpumpe verwenden. Das sind Tauchpumpen, die durch Solarmodule betrieben werden. Sie befördern etwa 600 l pro Stunde und ermöglichen je nach Ausstattung auch höhere Literleistungen und den Betrieb anderer elektrischer Geräte wie Filter für Bach und Teich oder Lampen für die Gartenbeleuchtung. An einem Ort mit günstiger Sonneneinstrahlung werden die Solarmodule auf den Stand der Sonne ausgerichtet. Für den Bachbetrieb sind mehrere Module, Akku und Laderegler zu empfehlen. So eine Anlage speichert die Sonnenenergie, und der Bach läuft auch nachts oder bei trübem Wetter.

Filter für den Bach

Sollte die Selbstreinigung des Baches nicht genügen, dann sorgt ein spezieller Teichfilter für sauberes Wasser. Er steht samt Tauchpumpe im Teich oder Sammelbecken.
Mein Tip: Es gibt ein Außenfilter-Modell, das nach Art eines Rieselfilters funktioniert. Das Wasser wird in einem großen Behälter über das Filtermaterial, in dem »filterwirksame« Bakterienkulturen leben, geleitet und so biologisch gereinigt.

Sicherheit und Recht rund um den Bach

Unsachgemäßer Umgang mit Strom und Wasser kann zu gefährlichen Unfällen führen. Beachten Sie deshalb unbedingt folgende Sicherheitsratschläge.

Strom

• Lassen Sie unbedingt alle elektrischen Installationsarbeiten nachweisbar von einem Fachmann durchführen.
• Achten Sie beim Kauf darauf, daß die Geräte das VDE-Zeichen oder gültige TÜV-Zeichen (GS = geprüfte Sicherheit) tragen.
• Verwenden Sie ausreichend lange Kabel, niemals Verlängerungskabel.
• Kabel nicht oberirdisch verlegen, sie werden sonst leicht beschädigt, etwa durch den Rasenmäher.
• Unterirdische Kabel am besten in einem Kabelschacht verlegen, damit es bei Feuchtigkeit geschützt ist.
• Schalten Sie den Strom ab (Netzstecker ziehen), bevor Sie elektrische Geräte aus dem Wasser nehmen.
• Ziehen Sie ein Gerät niemals am Kabel aus dem Wasser.
• Lassen Sie Reparaturen nur vom Fachmann ausführen.
• Falls nicht vorhanden, unbedingt FI-Schalter (Fehlerstrom-Schutzschalter) in Sicherungskasten einbauen lassen.

Haftung bei Stromunfällen: Im Schadensfall haftet derjenige, der die elektrischen Installationsarbeiten durchgeführt hat, oder derjenige, in dessen Obhut die Gefahrenquelle liegt.

Folienklebemittel

Quellschweißmittel und Folienkleber sind bei unsachgemäßer Anwendung gesundheitsgefährdend. Man sollte sich genau an die Gebrauchsanweisung halten und die Sicherheitsratschläge auf Seite 16 beachten.

Wasser

Es ist erlaubt, einen Bach oder Teich mit dem Wasser aus der gemeindlichen Hauswasserzuleitung zu betreiben. Wer aus einer eigenen natürlichen Quelle oder aus einem nahegelegenen Bach Wasser entnehmen will, benötigt dazu eine behördliche Erlaubnis. Das gleiche gilt für die Entnahme, das Zutagefördern oder das Ableiten von Grundwasser.
Wichtig: Informieren Sie sich bei Ihrer zuständigen Gemeindeverwaltung.
Haftung bei Wasserschäden: Im Schadensfall haftet grundsätzlich derjenige (Grundstückseigentümer oder Mieter), der den Bach oder Teich angelegt hat oder unterhält. Wird durch eine schadhafte Wasserleitung, durch unsachgemäßes Ablassen des Wassers oder durch einen schadhaften Bachlauf beispielsweise das Nachbargrundstück überschwemmt, so hat der Verantwortliche den Schaden zu ersetzen.
Wichtig: Prüfen Sie regelmäßig die Wasserleitung, und achten Sie auf den Wasserstand.

Haftung bei Unfällen am Bach

Es besteht eine allgemeine Verkehrssicherungspflicht, insbesondere gegenüber Kindern. Liegen Bachlauf und Teich in einem umzäunten Gartengelände, so darf sich der Besitzer darauf verlassen, daß Unbefugte nicht in sein Gartengelände eindringen. Seiner Verkehrssicherungspflicht hat er damit Genüge getan. Vorsicht ist aber dennoch insbesondere bei Kindern angebracht. Ein Bachufer kann teilweise unterspült sein, so daß die Gefahrenquelle nicht sofort erkennbar ist. Außerdem: Lassen Sie kleinere Kinder keinesfalls unbeaufsichtigt am Bach spielen. Selbst bei einer Wassertiefe von 25 cm kann ein Kind ertrinken.
Wichtig: Schließen sie eine Haftpflichtversicherung ab, die sich auch auf den Bach und – wenn vorhanden – den Teich bezieht.

Ein Bach ist eine elegante Lösung, um den Sauerstoff in einem Gartenteich anzureichern.

Praxis: Randgestaltung

Der Bachrand bietet viel Platz für Pflanzen. Doch bevor Sie die gestalterische Seite der Bachanlage in Angriff nehmen, muß für eine ausreichende Uferbefestigung gesorgt werden.

Uferbefestigung

Anböschungen für Quelle oder Staustufen müssen immer solide gestützt werden, doch ist es ratsam, auch das Ufer an anderen gefährdeten Stellen, etwa Bachbiegungen, zu befestigen, wo die Erde leicht wegbrechen kann.

Nicht begehbarer Bachrand
Zeichnung 1

An wenig begangenen Stellen befestigen Sie die Folie so:
• Faustgroße, runde Steine am Rand entlang legen.
• Die Folie über die Steine ziehen.
• Folienenden im Erdreich so verlegen, daß sie nach oben zeigen. Dadurch wird verhindert, daß der angrenzende trockene Gartenboden dem Bach Wasser entzieht.

Einfache Uferbefestigung
Zeichnung 2

Steilere Ufer und die Ufer der Bachwindungen können Sie mit Hilfe eines Kantsteines, der an seiner Uferseite von einem sogenannten Lagerstein gestützt wird, befestigen. Die Folie dann wie in Zeichnung 1 gezeigt anbringen. Das Ufer wird zwar nicht gleich wegbrechen, wenn der Rand begangen wird, bei stärkerer Belastung sollten jedoch Gehwegplatten verlegt werden (→ Zeichnung 3).

Begehbarer Bachrand
Zeichnung 3

Eine solide Uferbefestigung und gleichzeitig einen begehbaren Rand erhalten Sie mit Hilfe von Gehwegplatten.
So wird's gemacht:
• Das Bachbett etwa 40 bis 50 cm breiter anlegen.
• In einem Sandbett mehrere Gehwegplatten leicht treppenförmig aufschichten.
• Platten mit Holz- oder Gummihammer festklopfen.
• Auf die vorletzte Platte ein Schutzvlies legen, Folie darüberziehen und ebenfalls mit Vlies abdecken.
• Die letzte Platte, die den Uferweg bildet, auflegen.
Mein Tip: An Steilufern bilden Gitterziegel, in Form einer »Trockenmauer« aufgeschichtet, eine trittsichere Unterlage.

Sumpfzonen
Zeichnung 4

Blumen für eine abwechslungsreiche Bachrandgestaltung gibt es in großer Zahl.

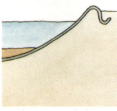

1 Folie am Rand über abgerundete Steine ziehen.

2 Steile Ufer und Bachbiegungen mit Kantsteinen befestigen.

3 Aufgeschichtete Gehwegplatten schaffen eine trittsichere Unterlage.

Praxis: Randgestaltung

4 Mit Hilfe von Gitterziegeln wird eine Sumpfzone errichtet.

5 Böschungsmatten mit Pflanztaschen sind ideal für Steilufer.

6 Eine »Trockenmauer« schützt die Hauswand vor Feuchtigkeit.

Einige benötigen jedoch spezielle strömungsfreie Sumpfzonen (→ auch PRAXIS Bepflanzung, Seite 30, Zeichnung 1). Diese Sumpfpflanzen gedeihen bei einem Wasserstand von 0 bis 5 cm (→ Portraitteil Seite 44).
Folgende Punkte müssen bei der Anlage beachtet werden:
• Beim Anstückeln von Folie müssen die Nahtstellen absolut wasserdicht sein.
• Der Sumpfzonenrand soll mit dem gegenüberliegenden Bachufer auf einer Ebene liegen; dies läßt sich mit Brett und Wasserwaage leicht prüfen.
• Die Sumpfzone mit flachen, nicht scharfkantigen Natursteinen oder Gittersteinen abgrenzen, damit einerseits eingefülltes Substrat nicht weggespült wird und andererseits im Sumpfbereich keine Strömung herrscht (→ Zeichnung 4 und Zeichnung 1 auf S. 30).

Steilufer bepflanzen
Zeichnung 5

Steil abfallende Ufer lassen sich am besten mit Hilfe von Böschungsmatten mit eingearbeiteten Pflanztaschen bepflanzen.
Und so geht's:
• Das Ufer zum Beispiel mit sogenannten L-Steinen befestigen. Der Schenkel, unter den ein Gitterstein gelegt wird, weist ins Erdreich.
• Die Folie über den L-Stein ziehen.
• Böschungsmatten am Bachrand befestigen; dafür gibt es spezielle Befestigungshaken und -dübel.
• Pflanztaschen mit Substrat füllen und bepflanzen (→ PRAXIS Bepflanzung, Seite 30).

Bachufer am Haus
Zeichnung 6

Wer seinen Bach am Haus entlang führen will, muß zum Schutz der Hauswand eine »Trockenmauer« errichten. Es ist ausreichend, Gitterziegel aufeinander zu schichten, den Folienrand über eine Leiste zu wickeln und das Ganze mittels Steindübeln an den Steinen zu befestigen. Dabei darauf achten, daß die Folie bis zum Bachboden hinunter senkrecht verläuft und dort plan aufliegt. Sie darf keine »Hängematte« bilden, sonst hält die Konstruktion dem Wasserdruck nicht stand.

Probelauf

Bevor die Folie am Rand befestigt wird, sollten alle Steine, Pflanzkörbe oder Inseln im Bach sein. Dann machen Sie unbedingt einen Probelauf. Füllen Sie Wasser in den Bach und schauen Sie, ob es in den gewünschten Bahnen läuft und sich nirgendwo ungewollt staut. Jetzt ist noch Zeit für Korrekturarbeiten.
Mein Tip: Es empfiehlt sich, einen ersten Probelauf schon gleich nach Verlegen der Folie durchzuführen. So kann man feststellen, ob die Schweißnähte dicht sind und nirgends Wasser versickert.

Sorgfältige Pflanzung und Pflege

Leben am Bach

Erst durch einen grünen Saum aus Pflanzen erhält der Bachlauf seinen individuellen Charakter. Es ist faszinierend zu beobachten, wie im feuchten Kleinklima am Bach blühendes Leben gedeiht und sich heimische Tiere ansiedeln. Damit die Pflanzen am und im Bach grünen und blühen, müssen sie jedoch den richtigen Standort und Pflege erhalten.

Foto oben: Typisch für die Gauklerblume (Mimulus-Hybride) ist die ähnlich einer Trompete geformte Blüte.
Foto unten: Beispielhafter Gartenbach mit üppiger Randbepflanzung aus Gräsern, Schwertlilien, Mohn und anderen Gartenblumen.

Tips zum Pflanzenkauf

Pflanzen für Bachrand, Bachbett und Sumpfzone bekommen Sie im Gartencenter, per Versandhandel oder in speziellen Wassergärtnereien. Die Auswahl ist riesig, und entsprechend unterschiedlich sind auch die Ansprüche der einzelnen Arten. Es ist deshalb auf jeden Fall nützlich, vorher eine genaue Auswahl zu treffen und sich einen Bepflanzungsplan zu machen, damit auch die richtige Pflanze an den passenden Ort kommt. Je kleiner und unscheinbarer die Jungpflanzen sind, um so größer ist die Verführung, zuviel und zu eng zu pflanzen. Deshalb anfangs lieber weniger kaufen und später etwas nachpflanzen. Als Richtlinie gilt: Für eine üppige Bachrandbepflanzung auf feuchtem oder trockenem Boden rechnet man 4 bis 7 kleinere Pflanzen pro qm, bei größeren oder starkwüchsigen Pflanzen reichen 2 bis 3.

Geschützte Pflanzen

Pflanzen, die in der Natur am Bach wachsen, passen natürlich auch an den Gartenbach. Doch entnehmen Sie sie nicht vom Naturstandort, denn viele Arten stehen unter Naturschutz (→ Seite 42). Fast alles gibt es im Handel, auch die Wildpflanzen. Fachleute haben widerstandsfähige Pflanzen herangezogen, die in einem Garten oder im Bach problemlos gedeihen.

Gesunde Pflanzen erkennen

Schauen Sie sich die Pflanzen beim Kauf oder bei Bestellungen per Versand beim Eintreffen des Pakets genau an. Auf folgendes sollten Sie achten:
• Die Wurzeln gesunder Pflanzen müssen weißlich sein – blauschwarze oder braune Wurzelspitzen deuten oft auf kranke, faulende Pflanzen hin.
• Der Wurzelstock sollte nach frischer Erde riechen, keinesfalls muffig.
• Gesunde Pflanzen sind unbeschädigt, kompakt, fest, ohne Krankheitsbefall – erkennbar an weichen oder verfärbten Stellen – sie sind weder angewelkt noch ausgetrocknet.

Der richtige Standort

Die Standortbedingungen am Teich sind sehr unterschiedlich. Es gibt Bereiche am Bachrand mit trockenem und feuchtem Boden, Sumpfzonen, in denen die Wurzeln der Pflanzen im Wasser stehen und das Bachbett, in dem die Pflanzen der Strömung ausgesetzt sind. Eine Pflanze, die trockenen Boden braucht, wird in der Sumpfzone kümmern. Achten Sie deshalb bei der Pflanzenauswahl auf die Standortansprüche der Pflanzen.

Giftige Pflanzen

Manche Pflanzen, die im oder am Bach wachsen, produzieren Giftstoffe, die gesundheitsschädlich oder sogar tödlich wirken können. Einige enthalten Stoffe, die Allergien verursachen können. In den Pflanzenbeschreibungen auf den Seiten 44 bis 58 wird darauf unter dem Stichwort »Achtung« hingewiesen. Menschen mit empfindlicher Haut sollten beim Umgang mit hautreizenden Pflanzen unbedingt Handschuhe tragen. Giftige Pflanzen können vor allem bei Kindern, aber auch bei Haustieren schwere Gesundheitsstörungen hervorrufen. Verzichten Sie im Zweifelsfall lieber auf solche Pflanzen.

Keine Düngung am Bach

Dünger jeder Art, ob organische oder mineralische, führen dem Bachwasser zusätzliche Nährstoffe zu. Algenwuchs und Verschlechterung der Wasserqualität sind die Folgen.
Die Pflanzen im Bach kommen mit den Nährstoffen aus, die sowieso im Wasser und im umliegenden Bodengrund vorhanden sind. Auf eine Dün-

Pflanzenkauf

Etagenprimel (Primula-japonica-Hybride) und Himmelsleiter.

gung sollten Sie hier völlig verzichten.
Den Pflanzen am Bachrand genügen in der Regel ebenfalls die Nährstoffe, die ein gesunder Gartenboden hergibt. Wollen Sie Rasen oder Pflanzen in Bachnähe düngen, so tun Sie das am besten, wenn keine starken Regenfälle zu erwarten sind, die den Dünger in den Bach schwemmen könnten.

Pflanzen mit besonderen Ansprüchen

Einige Pflanzen haben besondere Ansprüche an die Pflanzerde. Die einen mögen kalkarmen, die anderen kalkhaltigen Boden. Solche Pflanzen setzen Sie am besten in Pflanzkörbe:
• Bei kalkliebenden Pflanzen fügen Sie eine Handvoll Kalk (kein Ätzkalk!) der Pflanzerde bei.
• Bei Pflanzen, die sehr kalkarmen, sauren Boden mögen, wird gut verrotteter Rindenmulch zum Wurzelballen gegeben.

Wichtig: Auf eine Torfzugabe sollten Sie angesichts der rapide schwindenden Torfbestände verzichten.

Praxis: Bepflanzen

Die richtige Bepflanzung gibt dem Bach sein individuelles Aussehen. Nicht nur am Ufer, auch im Bach gibt es reichlich Platz für wunderschöne Pflanzen.

Bepflanzungstips

Für die Bachrandbepflanzung gelten die gleichen Grundregeln wie für andere Bepflanzungen auch.
• Auch wenn Sie bunte Vielfalt mögen, sollten die Pflanzen sowohl farblich als auch in der Wuchsform miteinander harmonieren. Zu viele Farbtöne wirken leicht unruhig.
• Achten Sie auf die Blütezeit der Pflanzen. Schön ist es, wenn immer etwas blüht.

Pflanzzonen
Zeichnung 1

Die Bedürfnisse der einzelnen Pflanzen müssen beim Einsetzen in die unterschiedlich tiefen Bachbereiche berücksichtigt werden (→ Pflanzen-Porträts, ab Seite 44).
• Für die Sumpfzone eignen sich Pflanzen für einen Wasserstand von 0 bis 5 cm Höhe, der jedoch vorübergehend auch höher oder tiefer sein kann. Hier gedeihen Pflanzen wie verschiedene Iris-Arten, Blutweiderich (*Lythrum salicaria*), Sumpfkalla (*Calla palustris*) oder die Bachbunge (*Veronica beccabunga*).
• Ins tiefere Bachwasser werden Pflanzen wie Schwanenblume (*Butomus umbellatus*), Fieberklee (*Menyanthes trifoliata*), Igelkolben (*Sparganium erectum*) und Unterwasserpflanzen, am besten in Gitterkörbe gesetzt. In ruhigeren Zonen können sie auch direkt in den Bodengrund gepflanzt werden.
• An dem mehr oder weniger feuchten Rand gedeihen Farne, Primeln, Gräser und vieles mehr.

Die richtige Pflanzerde

Am Bachrand können Sie die Pflanzen in die Gartenerde einsetzen. In der Sumpfzone hat sich bewährt, als Substrat Sand miteinzubringen. Sie können die Pflanzen auch in Gitterkörbe setzen; als Pflanzerde eignet sich hier ein Sand-Lehm-Gemisch, etwa im Verhältnis 3:1 oder 4:1. Für die Körbe, die direkt im Wasser stehen, empfiehlt sich ebenfalls ein sandiges Substrat, zum Beispiel Kakteenerde.
Wichtig: Wer Substrat in den Bach einbringen möchte, sollte dies möglichst nur an strömungsarmen Stellen tun, da es leicht weggeschwemmt wird und den Bach an engen Stellen verstopft. Erde bringt zudem überflüssige Nährstoffe in den Bach. Natursteine oder große Kiesel geben ein weitaus schöneres Bild ab, da das Wasser nicht

1 Ein Bach im Querschnitt mit den verschiedenen Pflanzzonen. Von links: Randzone; Bachbett mit Steilufer; Steinmauer zum Abgrenzen der anschließenden Sumpfzone, Randzone.

Praxis: Bepflanzen

durch Sand oder Erde getrübt wird. Im Laufe der Zeit bildet sich von ganz alleine eine natürliche Bodenschicht, die nicht weggespült wird.

Einsetzen der Pflanzen

Pflanztermine: Je nach Art werden die Pflanzen im Herbst oder Frühjahr gesetzt. Winterharte Stauden, die im Frühjahr zeitig blühen, etwa Primeln (*Primula*-Arten) oder Blutweiderich (*Lythrum salicaria*) im Herbst pflanzen. Sumpf- und Wasserpflanzen während der Vegetationsperiode ausbringen, also etwa von Mitte April bis September.
Pflanzbehälter: Für die Sumpfzone und das Bachbett empfehlen sich Gitterkörbe, die in unterschiedlichen Größen erhältlich sind. Ideal für steile Bachufer sind sogenannte Böschungsmatten aus Naturfaser und Kunststoff (→ Praxis Randgestaltung, Seite 25).
Pflanzen vorbereiten: Vor dem Einpflanzen sollten Sie
• beschädigte oder geknickte Wurzeln entfernen, faulige Stellen herausschneiden und mit Holzkohlepulver bestreichen;
• lange Wurzeln zu einem rundlichen Ballen einkürzen;
• beschädigte Blätter entfernen.

Gitterkörbe bepflanzen
Zeichnungen 2 bis 4

Um zu verhindern, daß die Erde im Wasser ausgeschwemmt wird, kleiden Sie die Gitterkörbe mit einem dünnen Pflanzvlies, oder einer dünnen Schaumstoffmatte (1 bis 2 mm stark, verrottungsfest) aus (→ Zeichnung 2). Füllen Sie den Korb zu gut zwei Dritteln mit Pflanzerde. Containerpflanzen, das sind Pflanzen, die in kleinen Plastikcontainern gezogen werden, und andere Topfpflanzen werden samt Wurzelballen eingesetzt. Um die Pflanzen aus dem Container zu bekommen, den Topf umdrehen und leicht gegen eine Tischkante schlagen (→ Zeichnung 3).
Ein Pflanzloch in die Erde drücken und die Pflanze so einsetzen, daß die Wurzeln sich nicht nach oben biegen. Den Korb mit Erde auffüllen, die Erde leicht andrücken und die überstehenden Enden der Korbauskleidung nach innen biegen, die Erde durchdringend wässern und die gesamte Oberfläche mit kleinen Kieseln abdecken.
Hinweis: Die Pflanzen sollten im Korb nicht tiefer stehen als vorher im Topf.

Böschungsmatten bepflanzen

So gehen Sie vor:
• Die Matte mit speziellen Befestigungshaken oder Erddübeln (beide im Fachhandel erhältlich) außerhalb der Folienabdichtung am Bachrand verankern.
• Pflanzerde in die Tasche füllen.
• Die Pflanzen von oben durch die Maschen einsetzen. Diese dabei auseinanderziehen, damit die Wurzeln nicht verletzt werden.

2 Den Gitterkorb mit einem Pflanzvlies auskleiden.

3 Containerpflanzen beim Austopfen gegen eine Kante schlagen.

4 Pflanzen keinesfalls tiefer einsetzen, als sie vorher gestanden sind.

Pflege des Baches rund ums Jahr

Ganz ohne Pflege kommt Ihr Bach nicht aus. Kleine, doch wirkungsvolle Handgriffe, halten das Bachbett und die Bepflanzung gesund und in Schuß. Regelmäßige Wartung braucht vor allem die Pumpe (→ diese Spalte unten).

Der Bach im Frühjahr

Im Frühjahr wird der Bach mit ein paar Handgriffen wieder in Schwung gebracht:
• Verdorrte Stauden kurz über dem Boden abschneiden.
• Bachbett und Überläufe auf angesammeltes Laub und ähnliches kontrollieren.
• Pumpe prüfen, ob sie einwandfrei läuft.

Pflege im Sommer

Kontrollieren Sie regelmäßig, ob das Wasser in den richtigen Bahnen fließt oder ob fremde Gegenstände den Bach behindern. So verhindern Sie, daß Kleinigkeiten zu größeren Problemen werden.
Die Pumpe braucht Ihre besondere Aufmerksamkeit. Etwa alle 2 bis 3 Wochen den Ansaugkorb und – wenn vorhanden – den Vorfilter reinigen. Meist genügt schon das Durchspülen mit einem scharfen

Wasserstrahl. Sollte das keinen Erfolg bringen, den Vorfilter mit gröberem Material, zum Beispiel Tonröhrchen oder sehr grobem Kies füllen.
Vorsicht bei defekter Pumpe: Reparaturen nie selber vornehmen. Das Gerät immer zum Kundendienst bringen. Reparaturen, die nicht vom Fachmann ausgeführt werden, können lebensgefährliche Folgen haben! Die Staubereiche des Baches müssen freigehalten werden, deshalb das Bachbett unbedingt regelmäßig kontrollieren. Beim Rasenmähen gelangt oft Mähgut in den Bach und setzt sich an den Überläufen fest. Der Wasserspiegel steigt, und das Wasser läuft möglicherweise seitlich aus dem Bach heraus. In der Sammelgrube den Wasserstand (beim Bach ohne Teich) täglich prüfen, wenn kein Schwimmschalter vorhanden ist. Die Pumpe darf nicht trockenlaufen. Wenn nötig, muß Wasser nachgefüllt werden. Pflanzen, die sehr schnell wachsen, einkürzen. Eine üppige, in den Bach hineinwachsende Uferbepflanzung immer soweit im Zaum halten, daß der Wasserbereich weitgehend frei ist. Die Pflanzen entziehen sonst dem Bach zuviel Wasser. Bäume am Bach immer an der Wasserseite beschneiden. Sonst wächst der Baum weiter zum Wasser, fällt dann möglicherweise irgendwann in den Bach, und das Ufer bricht ein.

Pflege im Herbst

Das Hauptproblem im Herbst ist das Laub. Es muß aus dem Bach und aus dem Teich sehr sorgfältig entfernt werden, da es sonst zu einem rapiden Absinken des pH-Wertes, zu einem sogenannten Säuresturz kommt.
Wichtig: Der pH-Wert zeigt an, wie sauer oder basisch das Wasser ist. Je niedriger die Zahl in der Skala von 1 bis 14 ist, desto saurer ist das Medium, je höher, desto alkalischer, 7 bedeutet neutral. Im Handel gibt es einfache Testsets zum Überprüfen des pH-Wertes. Alarmzeichen, ist eine zunehmende Gelbfärbung des Bachwassers, Blasen- und Schaumbildung im Abflußbereich der Staustufen. Wenn die Luftblasen nicht mehr zerplatzen, wird es gefährlich. Abhilfe schafft dann nur, wenn Sie im 3-Tage-Rhythmus ein Drittel des Bachwassers austauschen. Ist es noch nicht so schlimm, reicht es, langsam Frischwasser zulaufen zu lassen. Überschüssiges Wasser können Sie in den Gully leiten oder einfach überlaufen lassen – vorausgesetzt, das Wasser versickert problemlos im Gartenboden und gelangt nicht in Nachbars Garten (→ Haftung bei Wasserschäden, Seite 22).

Pflege übers Jahr

Bei der Anlage dieses Baches wurde das natürliche Gefälle von der Terrasse zum Garten hin genutzt.

Der Bach im Winter

Zum Ende des Herbstes hin beginnt die ruhige Zeit im Garten.
Bach nicht abstellen: Da fließendes Wasser nicht so leicht gefriert, müssen Sie den Bach in milden Wintern nicht abstellen. Bei Frostgraden vereist der Bach vom Ufer her, wodurch ihm laufend Wasser entzogen wird, so daß entsprechend Wasser zugeleitet werden muß. Schmelzwasser erhöht später etwas den Wasserstand, was aber in der Regel nichts ausmacht. Die Überläufe an den Staustufen müssen eisfrei bleiben, deshalb regelmäßig überprüfen und gegebenenfalls freiklopfen.
Bach abstellen: Wer sich den Winter über nicht um den Bach kümmern will, stellt die Pumpe einfach ab und nimmt sie aus dem Teich oder aus der Sammelgrube. Das nach dem Abschalten der Pumpe im Bach verbleibende Wasser kann stehenbleiben.
Mein Tip: In sehr harten Wintern und rauhen Lagen sollten Sie den Bach abstellen und empfindliche Pflanzen abdecken.

Leben am Bach

Soforthilfe bei Pannen am Bach

Anzeichen	Mögliche Ursachen	Abhilfe
Pumpe läuft nicht mehr.	Vorfilter mit Pflanzenfasern oder Mulm verstopft.	Netzstecker ziehen! Vorfilter reinigen Probelauf in Eimer mit Wasser. Läuft die Pumpe nicht, muß sie zum Kundendienst.
Pumpe läuft, aber der Bach fließt nicht.	a) Vorfilter zugesetzt. b) Quelle verstopft.	a) Vorfilter reinigen; Probe laufen lassen. b) Quelle von beiden Seiten (Zulauf und Ausgang) her mit einem starken Wasserstrahl mehrmals durchspülen. Wenn erfolglos, Installateur holen. <u>Wichtig</u>: Keine chemischen Mittel verwenden, sie sind ätzend und giftig für Bach und Umgebung!
Bach tritt übers Ufer.	Staustufenüberläufe zugesetzt; Äste, Blätter oder Mähgut.	Überläufe reinigen, eventuell verbreitern; was nicht in den Bach gehört, herausnehmen.
Sammelgrube läuft über, aber der Bach läuft.	Fremdwasser, zum Beispiel aus einer Regenrinne oder nach extremen Niederschlägen.	Möglichst im Garten versickern lassen (Vorsicht: Nachbargrundstück, → Rechtsfragen Seite 22) oder an der Quelle mittels Eimer wegschaffen.
Bachabschnitte laufen leer.	a) Loch in der Folie. b) Böschung niedergetreten.	a) Bach abstellen, Abschnitt leerpumpen, Folie reparieren b) Rand befestigen (→ Seite 24).
Bach schäumt.	Abgestorbenes Laub; wenn Fische im Bach zu stark gefüttert.	Wasserwechsel durch langsames Einleiten von Frischwasser, Bach überlaufen lassen. Ist das nicht möglich, enzymatisches Wasseraufbereitungsmittel verwenden (Zoofachhandel).
Bach veralgt (alle Algenarten ausgenommen Schmieralgen).	Nährstoffüberschuß durch mangelnden Pflanzenwuchs im Frühjahr.	Schilf oder ähnliche stark nährstoffzehrende Pflanzen nachsetzen. Algen verschwinden bei stärkerem Pflanzenwuchs von selbst.
Bach veralgt mit Schmieralgen.	Einschwemmen von ammoniakhaltigen Flüssigkeiten (zum Beispiel Gülle, Rasendünger).	Wasserwechsel und Bach kräftig durchspülen. Einschwemmen von Fremdwasser verhindern. Ist dies nicht möglich, hilft es, Urgesteinsmehl (zum Beispiel Bentonit) in der Umgebung auszubringen.
Bachwasser trübe.	Bakterientrübung (milchig).	Wasserwechsel.
Pflanzen und Fische gehen ein.	Gifteinleitung meist durch Wasser von Flach- oder Teerdächern.	Wasserwechsel! Unbedingt den Bach neu mit Bakterien impfen (Beratung im Aquarienfachhandel).

Hier sitzen Sie buchstäblich an der Quelle: Der Bach entspringt unmittelbar an der Terrasse.

Leben am Bach

Männchen der Spitzenfleck-Libelle (Libellula fulva) auf einer Gelben Schwertlilie (Iris pseudacorus).

Gerandete Jagdspinne.

Tiere im und am Bach

Wasser im Garten schafft Lebensraum für große und kleine Tiere, die sich im Laufe der Zeit einstellen. Einige davon kann man mit bloßem Auge gut beobachten, zum Beispiel Gelbrand- und Taumelkäfer oder die Larven der Prachtlibelle, die alle in den ruhigeren Zonen des Baches leben. Andere wiederum wie der Bachflohkrebs leben versteckt im Dickicht der Wasserpest, die Larven der Eintagsfliegen oder Köcherfliegen muß man gar mit der Lupe betrachten, um ihre Lebensweise zu entdecken. Wer der Natur im eigenen Garten ein wenig auf die Spur kommen möchte, hat im und rund um den Bach ein reiches Betätigungsfeld.

Tiere beobachten

• Der Bachflohkrebs (*Gammarus pulex*).
Flohkrebse sind nützliche Bachbewohner, denn sie verwerten als Nahrung abgestorbenes pflanzliches und tierisches Material.
Aussehen: Dieser weißlich bis gelblich gefärbte Kleinkrebs verfügt bei einer Körpergröße von nur 15 mm (Weibchen) beziehungsweise 24 mm (Männchen) über insgesamt 13 Beinpaare. Ein weiteres markantes Merkmal sind die 2 langen Antennenpaare am Kopf.
Fortpflanzungsverhalten: Vor der Begattung klammert sich das größere Männchen tagelang auf dem Rücken des kleineren Weibchens fest. Samen und Eier werden in einen Brutraum befördert, der sich auf der Bauchseite des Weibchens befindet. Hier schlüpfen nach 2 bis 3 Wochen die fast völlig entwickelten Jungtiere.
• Der Amerikanische Flußkrebs (*Orconectes limosus*).
Dieser aus Nordamerika stammende Flußkrebs ist der Ersatz für unseren heimischen Flußkrebs (*Astacus astacus*), der zum Ende des 19. Jahrhunderts durch eine Krebspest fast völlig vernichtet wurde und heute sehr selten ist. Amerikanische Flußkrebse sind sehr fruchtbar und besiedeln rasch ein Gewässer, das ihnen zusagt. Tagsüber versteckt sich der Krebs zwischen Steinen oder Wurzeln. In der Dämmerung und

nachts geht er auf Futtersuche. Als Allesfresser ernährt er sich sowohl von Pflanzen als auch von allen möglichen Kleintieren, sogar Aas verschmäht er nicht. Bei zu großer »Bevölkerungsdichte« wandern die Krebse über Land und suchen neue, für sie geeignete Biotope.
Aussehen: Von dem etwa 12 cm großen Amerikanischen Flußkrebs gibt es eine mehr bläuliche und eine rötliche Variante. Wie sein größerer Verwandter, der Hummer, trägt er fünf Beinpaare, wobei das Vorderste je eine Schere besitzt, außerdem lange Antennen.
Fortpflanzungsverhalten: Paarungszeit ist im September und Oktober. Bis zum Frühjahr trägt das Weibchen die an den sogenannten Afterbeinen festgehefteten Eier mit sich herum. Etwa im Mai/Juni schlüpfen die Jungen, die sich noch tagelang an den Beinen der Mutter festklammern. Erst nach der ersten Häutung werden sie selbständig.

Ansiedlungshilfen für Tiere rund um den Bach

Von Ihrem Garten und der Umgebung hängt es ab, welche Tiere sich rund um den Bach ansiedeln werden. Je naturnaher Garten und Umgebung sind, desto größer sind die Chancen, daß sich viele Tiergäste einstellen. In jedem Fall

aber können Sie einiges in Ihrem Garten tun, um darin Refugien für faszinierende Tiere zu schaffen.
Sumpfzonen und stille Flachwasserbereiche mit ins Wasser hängenden Ästen, Ranken, Wurzeln und Wasserpflanzen bieten Lebensraum für Amphibien wie Frösche, Kröten oder Molche.
In den ruhigen Bereichen oder in den Sumpfzonen des Baches siedeln sich gerne Gelbrandkäfer an (→ Fotos, Seite 38 oben und unten).
Ein Reisighaufen in Ufernähe aus größeren und kleineren Zweigen, Laub, abgemähtem Gras und ein wenig Kompost bietet Amphibien gute Verstecke und ein reichhaltiges Nahrungsangebot wie Regenwürmer und Insekten.
Eine Überwinterungsgrube, die von Kröten und anderen Tieren gerne angenommen wird, können Sie mit Hilfe von Ziegelhalbschalen herstellen. Gut geeignet sind Firstziegel oder Tonziegel, die an Baustellen als Abfall anfallen. Die Ziegel werden mit der Wölbung nach oben in eine etwa 50 cm x 50 cm große Grube geschichtet und mit Reisig sowie größeren Kieseln abgedeckt. Darauf kommen Humus und Rasensoden oder die Uferbepflanzung, so daß die Schutzhöhle nicht mehr zu sehen ist. Die Grubenabdeckung nicht festtreten und am besten

Leben am Bach

Die Larve des Gelbrandkäfers frißt nur lebende Beute.

Das Männchen des Gelbrandkäfers hat gefurchte Flügeldecken.

kennzeichnen, damit niemand darüberläuft und sie zerstört. Eine Vogeltränke sollte nicht fehlen. Legen Sie die Tränke so an, daß Katzen die Vögel beim Baden nicht erwischen können. Eine am Bachrand angelegte flache Mulde mit einem großen Stein darin ist als Trink- und Badeplatz gut geeignet.

Fische im Bach

Forellen und andere große Fische sind für den Gartenbach ungeeignet. Einige kleinere Arten können Sie jedoch in einem Gartenbach halten, wenn er nicht zu klein ist und Sie ein für die Fische geeignetes Terrain anlegen.
Geeignete Arten: Faszinierend zu beobachten ist der einheimische Dreistachelige Stichling mit seinem interessanten Paarungsverhalten. Ebenfalls sehr schön sind Ukelei, Moderlieschen, Orfen (Zucht- und Wildformen), Elritzen, Schlamm- und Steinpeitzger oder der nördlich der Mainlinie beheimatete Neunstachelige Stichling (Zwergstichling).
Anschaffung der Fische: Gesunde, einheimische Fische kaufen Sie am Besten in einer guten Zoofachhandlung. Fische aus privaten oder öffentlichen Gewässern dürfen Sie nur mit Genehmigung des Besitzers oder der zuständigen Behörde entnehmen.

Fische

Mein Tip: Von Schwarmfischen wie Moderlieschen oder Orfen 6 bis 8 Tiere einsetzen; von Raubfischen (Stichling) nicht mehr als 2 Paare.
Und so sollte ein Bachabschnitt für Fische aussehen:
• Länge des Abschnitts etwa 2 m, Breite 50 bis 60 cm, Tiefe etwa 60 cm.
• Als Bachgrund etwa 15 cm hoch Bausand einbringen.
• Mit Hilfe von Steinaufbauten und abgelagertem Moorkienholz mehrere strömungsarme Ruhezonen schaffen.
• Bepflanzt wird der sandige Grund etwa mit Wasserpest (*Elodea canadensis*), Flutendem Hahnenfuß (*Ranunculus fluitans*) oder Laichkräutern (*Potamogeton*-Arten); für den Bachrand ist Brunnenkresse gut geeignet.
• Bachaufwärts wird der Fischbereich mit einem Staubrett abgegrenzt. Schneiden Sie in das Brett eine halbrunde Überlauföffnung (→ Staustufen, Seite 18).
• Bachabwärts, bevor der Bach in die Sammelgrube oder in den Teich mündet, eine etwa 30 bis 40 cm tiefe Sumpfzone anlegen.
• Diese zum Fischbereich hin mit aufgeschichteten Natursteinen oder Kieseln begrenzen.
<u>Pflege im Sommer</u>: Alle Pflegemaßnahmen, die auf Seite 32 beschrieben sind, gelten auch für den Bachabschnitt, in dem Fische leben.

<u>Zusätzlich zu beachten ist:</u>
• Die Pumpe muß rund um die Uhr laufen, den Bach also während der warmen Jahreszeit nie abstellen.
• An extrem heißen Tagen für Schatten sorgen (zum Beispiel ein Sonnensegel aufstellen), damit das Wasser nicht zu warm wird.

Fische überwintern

Im Winter, wenn Sie die Pumpe abstellen, bleibt das Wasser im Fischbereich stehen. Aus diesem Bachabschnitt wird also ein kleiner Teich. Bei ausreichender Wassertiefe (mindestens 60 cm) können die Fische im Bach überwintern, wenn Sie folgendes tun:
<u>Pflanzenpflege</u>: Bis auf den Hahnenfuß die Pflanzen im Fischbereich vorsichtig auslichten. Den Hahnenfuß unbedingt im Wasser lassen, weil er im Winter Unterwasserblätter treibt, die den Schadstoffabbau und die Sauerstoffversorgung begünstigen. Alle abgeschnittenen Pflanzenteile im Bach ausspülen, damit Futtertiere wie Schnecken oder Bachflohkrebse im Bach verbleiben.
<u>Winterschutz</u>:
• Sauerstoff mit Hilfe eines Oxydators zuführen (im Zoofachhandel erhältlich).
• Ein Eisfreihalter aus Styropor hält ein Loch in der Eisdecke frei.

• Hilfreich ist das Abdecken mit lichtdurchlässigem Material (Glas, Kunststoff). Sie nutzen dadurch die Sonnenwärme wie bei einem Treibhaus, so daß ein Durchfrieren zumindest der flachen Stellen verhindert werden kann.
Mein Tip: Sie können für die Sauerstoffzufuhr im Winter eine Luftpumpe verwenden. Solche »Sauerstoffpumpen« können Sie am Bachufer plazieren. An der tiefsten Stelle dürfen Sie den Ausströmer allerdings nicht perlen lassen, denn dort würde die Strömung den Fischen mehr Energie abverlangen als sie im Winter durch die Nahrung wieder aufnehmen können. Sie würden abmagern und anfälliger für Parasiten werden.
<u>Pflege</u>: Da der Schadstoffabbau im Winter wesentlich langsamer vor sich geht als im Sommer, ist die Anwendung eines enzymhaltigen Wasseraufbereitungsmittels zu empfehlen.
Nur Raubfische wie Stichlinge, sollten Sie im Winter füttern, die anderen kommen auch ohne Futter gut über die kalte Jahreszeit.
Hinweis: Wenn Sie die Fische nicht im Bach überwintern wollen oder können, fangen Sie die Tiere heraus und setzen Sie sie in den Gartenteich oder in ein Kaltwasseraquarium.

Pflanzen für den Bach

Pflanzen-Porträts

So ein Gartenbach ist ein wahres Paradies für Pflanzenfreunde. Die langen Pflanzflächen des Bachrandes bieten sich zum Kombinieren mit vielfältigen Pflanzen und Farben geradezu an. Eine Auswahl der schönsten und nach meinen Erfahrungen problemlos zu pflegenden Pflanzen finden Sie auf den folgenden Seiten.

Foto oben: Die Blaue Schwertlilie (Iris sibirica) ist eine heimische Art, die auch in der freien Natur häufig an Bachläufen anzutreffen ist.
Foto links: Den gewachsenen Charakter dieses schön angelegten Baches unterstreichen die bemoosten Steine und die üppig bewachsene Uferzone: Eingesäumt ist das Gewässer von Etagenprimeln und Storchschnabel.

Pflanzenporträts

Pflanzenauswahl

Der Gartenbach bietet für Pflanzen die unterschiedlichsten Standorte an. Feuchte Sumpfzonen, fließendes Wasser und mehr oder weniger trockene Ufer ermöglichen eine arten- und abwechslungsreiche Bepflanzung. Die Auswahl an schönen Pflanzen, die in den verschiedenen Bachbereichen gut gedeihen, ist groß. Alle hier vorgestellten Arten sind im Fachhandel erhältlich. Es gibt auch Wassergärtnereien, die sich auf Pflanzen für Sumpfbereiche und freies Wasser spezialisiert haben. Pflanzenfans finden auf den Seiten 62 und 63 Bücher und Zeitschriften, die Ihnen helfen, weitere Pflanzenschönheiten zu entdecken.

Hinweise zum Naturschutz

Viele der hier vorgestellten Pflanzen, die im oder am Bach gedeihen, wachsen auch in der freien Natur. Wegen der fortgesetzten Zerstörung ihrer Lebensräume durch Flußbegradigungen, Trockenlegung von Feuchtgebieten, Straßenbau und vieles mehr sind sie jedoch selten geworden. Eine große Anzahl davon steht deshalb unter Naturschutz, was bedeutet, daß weder die Pflanze noch der Samen vom natürlichen Standort entnommen oder beschädigt werden darf. Besorgen Sie sich deshalb grundsätzlich keine Pflanzen aus der Natur. Auch an ungeschützten Pflanzen sollte man sich nicht vergreifen, und seien die Bestände noch so groß, denn ohne es zu bemerken, können Sie durch das Ausgraben weniger Pflanzen oder durch das Betreten des Biotops Schaden anrichten.

Erläuterung der Stichworte

Auf den folgenden Seiten finden Sie zu jeder Pflanze genaue Beschreibungen und Pflegeanleitungen mit Angaben über:
Name: Zuerst wird der botanische, dann der deutsche Name der Pflanze genannt.
Standort: Angaben, wo die Pflanze am oder im Bach stehen sollte, gegebenenfalls mit Wassertiefe.
Wuchs: Angegeben sind die Wuchshöhe und Merkmale, die charakteristisch für Wuchs und Aussehen sind.
Blüte: Informationen zu Blütezeit, Farbe und Aussehen der Blüte.
Pflanzung: Hinweise für den günstigsten Pflanztermin. Wenn nötig, sind hier besondere Ansprüche an den Boden genannt.
Pflege: Wichtige Pflegemaßnahmen rund ums Jahr.
Vermehrung: Genannt wird die erfolgreichste Vermehrungsart.
Besonderheit: Interessantes oder Wissenswertes über die Pflanze. Hier finden Sie die Angabe, ob die Pflanze unter Naturschutz steht.
Achtung: Hier wird angegeben, ob die Pflanze giftig ist oder hautreizende Stoffe enthält. Beachten Sie die wichtigen Hinweise im Abschnitt »Giftige und hautreizende Pflanzen« auf Seite 28.

Bedeutung der Symbole

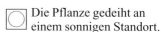 Die Pflanze gedeiht an einem sonnigen Standort.

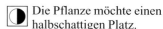 Die Pflanze möchte einen halbschattigen Platz.

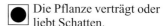 Die Pflanze verträgt oder liebt Schatten.

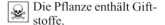 Die Pflanze enthält Giftstoffe.

 Die Pflanze steht unter Naturschutz.

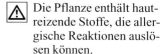 Die Pflanze enthält hautreizende Stoffe, die allergische Reaktionen auslösen können.

Naturnah mit Kugellauch, Schlangenknöterich und Gefülltem Hahnenfuß gestalteter Gartenbach.

Zarte Blüten und saftiges Grün am Rand und im Sumpf

Ein gut angelegter Bach hat in seinem Bett und am Rand viel Platz für eine bunte Pflanzenvielfalt. Je nach den verschiedenen Standortansprüchen werden die Arten in die trockenen, feuchten oder sumpfigen Bereiche des Bachrandes oder ins Bachbett gesetzt.

Pflanzen für die Randzonen können direkt in die Erde gepflanzt werden, für solche, die im Bachbett stehen, eignen sich auch Gitterkörbe. In den kleineren und größeren Sumpfzonen können Sie alle Pflanzenarten einsetzen, die auch in der Sumpfzone eines Gartenteichs leben, wie zum Beispiel die Schwanenblume (*Butomus umbellatus*) oder der Fieberklee (*Menyanthes trifoliata*). Den Bachrand bepflanzen Sie am besten mit bodendeckenden Pflanzen wie dem Pfennigkraut (*Lysimachia nummularia*) oder der Bachbunge (*Veronica beccabunga*), die sich schnell ausbreiten und Folienränder sowie Böschungen mit einem bunten Teppich überdecken. Für das Bachbett dagegen eignen sich nur Pflanzen, die auch von Natur aus in fließenden Gewässern gedeihen können, wie die Sumpfkalla (*Calla palustris*) oder die Sumpfdotterblume (*Caltha palustris*). Doch auch kleine Gehölze wie strauchartige, niedrigwachsende Weiden (*Salix*-Arten) gedeihen am Bachrand. Geeignet sind Arten wie die zierliche Purpur-Weide (*Salix purpurea 'Gracilis'*) oder die flachwachsende Kriechweide (*Salix repens*) und andere.

Wasserknöterich und Etagenprimeln.

Rand und Sumpf

Die Schwanenblume muß im Wasser stehen.

Die Beeren der Sumpfkalla sind giftig.

Butomus umbellatus
Schwanenblume

Hellrosa Blütendolden auf langen, schlanken Stengeln bilden einen zarten Blickfang an jedem Bachlauf.

Standort: Sonnig bis schattig; Sumpfzone, bis 25 cm Wassertiefe in stehenden oder langsam fließenden Gewässern.
Wuchs: 60 bis 120 cm; grasartige Blätter in Rosetten; kriechender Wurzelstock, bildet lockere Horste. Mehrjährig.
Blüte: Juni bis August. Doldenähnlicher Blütenstand mit weißen bis rosa Einzelblüten.
Pflanzung: Mai, am besten in Pflanzkörbe; liebt nährstoffreiche Böden.
Pflege: Winterhart; im Herbst zurückschneiden. Darf nicht austrocknen.
Vermehrung: Teilung oder Aussaat.

Calla palustris
Sumpfkalla

Die weißen Hochblätter leuchten aus dem dunkelgrünen Laub.

Standort: Halbschattig bis schattig; im feuchten Uferbereich, Wassertiefe bis 15 cm.
Wuchs: bis 40 cm; herzförmige, ledrige Blätter; kriechender Wurzelstock; bildet dichte Bestände. Mehrjährig.
Blüte: Mai bis Juli, weiße Hochblätter umgeben einen gelblichen Kolben unscheinbare Blüten.
Pflanzung: Mai; Das Rhizom, waagrecht in humusreichen, kalkarmen Boden pflanzen; verrotteten Rindenmulch untermischen.
Pflege: Bei starkem Wuchern Rhizome einkürzen.
Vermehrung: Teilung der Wurzelstöcke.
Achtung: Giftpflanze!
Besonderheit: Steht unter Naturschutz.

Pflanzenporträts

Die Sumpfdotterblume ist sehr blühfreudig.

Kätzchenähnliche Blütenähren der Zyperngras-Segge.

Caltha palustris
Sumpfdotterblume

Die Sumpfdotterblume gehört zu den frühesten und auffallendsten Blühern am Bach. Oft bildet sie im Herbst nochmals Blüten aus.

Standort: Sonnig bis schattig; Sumpfzone, 5 bis 15 cm Wassertiefe; die Wurzeln müssen ins Wasser ragen können. Am besten in Pflanzkörbe setzen.

Wuchs: 20 bis 40 cm hoch; bildet dichte Polster. Mehrjährig.
Blüte: April bis Juni; Blüten leuchtend gelb.
Pflanzung: April bis Mai, in Gruppen; die Pflanze liebt nährstoffreichen, humosen Boden; etwas Gartenerde zusetzen.
Pflege: Winterhart; von wuchernden Nachbarpflanzen freihalten; im Frühjahr welkes Laub entfernen.
Vermehrung: Teilung, Aussaat.
Achtung: Giftpflanze!

Carex pseudocyperus
Zyperngras-Segge

Zur Gattung Carex zählen viele Arten mit unterschiedlichen Ansprüchen an Boden und Wasserstand.

Standort: Halbschattig bis schattig; nasser Bachrand, Sumpfzone, bis 10 cm Wassertiefe.
Wuchs: 40 bis 100 cm hoch; dreikantige Stengel mit schmalen Blättern; dichte Horste.

Blüte: Juni; grünliche, kätzchenähnliche Blütenähren an überhängenden Stielen.
Pflanzung: Frühjahr bis Herbst; in Pflanzkörbe setzen, am besten etwas Rindenmulch untermischen.
Pflege: Winterhart; geknickte Halme im Frühjahr entfernen.
Vermehrung: Teilung.
Ähnliche Arten: Steife Segge (*Carex elata*) mit gelb- oder goldbunten Sorten; Sumpf-Segge (*Carex acutiformis*).

Rand und Sumpf

Iris
Schwertlilie

Von den vielen farbenprächtigen Schwertlilien sind bei uns nur wenige heimisch, etwa die Gelbe Schwertlilie (*Iris pseudacorus*) und die Blaue Schwertlilie (*Iris sibirica*). Sie sind beide geschützt und kommen selten, dann aber meist zahlreich in Sumpfwiesen und feuchten Gräben vor. Ebenso wie die vielen Sorten der japanischen Arten *Iris kaempferi* und *Iris laevigata* eignen sie sich zur bunten und abwechslungsreichen Bepflanzung von feuchten Bachrändern und Sumpfzonen. Wegen ihrer vielfältigen Verwendungsmöglichkeiten sind sie beliebt.

Standort: Sonnig bis halbschattig. Sumpfzone, Bachrand; 5 bis 15 cm Wassertiefe.
Wuchs: 60 bis 80 cm, *Iris pseudacorus* bis 100 cm; fleischiges Rhizom mit schwertförmigen Blättern. Mehrjährig.
Blüte: *Iris pseudacorus* gelb, Mai bis Juni; *Iris sibirica* blaue, weiße und blauweiße Sorten, Juni; *Iris kaempferi* weiße, rosa, blaue und purpurne Sorten, Juni bis Juli; *Iris laevigata* weiße, blaue und violette Sorten, Mai bis August.
Pflanzung: Mai; direkt in den Boden oder in Pflanzkörbe; bei *Iris sibirica* etwas Gartenerde beifügen; bei *Iris kaempferi* Erde verwenden, die mit verrottetem Rindenmulch vermischt wurde, denn sie benötigt kalkarme Böden.
Pflege: Winterhart; alte Stengel im Frühjahr abschneiden; *Iris pseudacorus* von stark wuchernden Nachbarpflanzen freihalten; *Iris kaempferi* benötigt im Winter trockeneren Standort; nicht düngen.
Vermehrung: Teilung; bei Wildarten auch durch Samen.
Achtung: Blätter und Stengel enthalten Giftstoffe.
Besonderheit: Die heimischen Arten stehen unter Naturschutz.

Unter Naturschutz: die gelbe Schwertlilie.

Iris sibirica-Sorte.

Pflanzenporträts

Die Flatterbinse wirkt wasserklärend.

Das Pfennigkraut wächst auch unter Wasser.

Juncus effusus
Flatterbinse

Früher galt die Flatterbinse als Unkraut, heute ist sie eine beliebte Pflanze für feuchte Stellen am Bach.

Standort: Sonnig bis halbschattig; Bachrand, äußerster Rand der Sumpfzone, bis 5 cm Wassertiefe.
Wuchs: Bis 80 cm; stengelähnliche, grüne, runde Blätter; bildet wintergrüne Horste.
Blüte: Juni bis August; lockerer, brauner Blütenstand.
Pflanzung: Frühjahr bis Herbst, Pflanzabstand 30 cm.
Pflege: Winterhart; im Frühjahr abgestorbene Halme abschneiden.
Vermehrung: Teilung und Samen
Ähnliche Arten: Blaue Binse (*Juncus inflexus*) mit blaugrauen Halmen; Knollenbinse (*Juncus compressus*); Zwerg-Binse (*Juncus ensifolius*).

Lysimachia nummularia
Pfennigkraut

Die langen Ranken des Pfennigkrauts verdecken Ränder von Pflanzkörben, kahle Steine und Pflasterbeläge.

Standort: Halbschattig bis schattig; Sumpfzone oder Bachrand, bis 10 cm Wassertiefe.
Wuchs: Bis 10 cm hoch; flache, kriechende Polster mit kleinen, runden Blättern, bodendeckend. Mehrjährig.
Blüte: Mai bis Juli; sattgelbe Blüten, einzeln in den Blattachseln.
Pflanzung: Im Frühjahr direkt in den Boden oder in Pflanzkörbe setzen.
Pflege: Winterhart; bei Wuchern zurückschneiden. Überwachsen durch andere Pflanzen verhindern.
Vermehrung: Stecklinge.

Rand und Sumpf

Blutweiderich ist robust.

Fieberklee braucht viel Platz.

Lythrum salicaria
Blutweiderich

Eine attraktive spätblühende Pflanze, die man nicht mit Schilfgräsern oder anderen schnellwüchsigen Pflanzen zusammensetzen sollte, sie könnte sonst überwuchert werden.

Standort: Sonnig bis halbschattig; feuchter Bachrand und Sumpfzone, bis 15 cm Wassertiefe.

Wuchs: Bis 120 cm hoch, untere Pflanzenteile verholzen. Mehrjährig.
Blüte: Juli bis September; lange purpurrote Blütenstände.
Pflanzung: Frühjahr, gleich in den Boden oder in Pflanzkörbe setzen; etwas Gartenerde zugeben.
Pflege: Winterhart; wuchernde Nachbarpflanzen auslichten; im Frühjahr alte Stengel abschneiden.
Vermehrung: Teilung oder Samen.

Menyanthes trifoliata
Fieberklee

Die Wurzel wurde früher als fiebersenkendes Mittel verwendet.

Standort: Sonnig; Sumpfzone, ruhige flache Bachabschnitte; 10 bis 20 cm Wassertiefe.
Wuchs: 25 bis 30 cm; Blätter dreigeteilt, kleeartig; kriecht mit langen seitlichen Ausläufern. Mehrjährig.
Blüte: Mai bis Juni; Blüten weiß mit rosa Schimmer, gefranst; stehen in traubigen Rispen.
Pflanzung: Frühjahr, in kalkarmen Boden oder Pflanzkörbe; Jungpflanzen so einsetzen, daß die Blätter aus dem Wasser ragen.
Pflege: Winterhart; Überwuchern durch Nachbarpflanzen verhindern.
Vermehrung: Teilung.
Besonderheit: Die Pflanze steht unter Naturschutz.

Pflanzenporträts

Die Gauklerblume ist ein Dauerblüher.

Schmeckt vor der Blüte am besten: Brunnenkresse.

Mimulus luteus
Gauklerblume

Die großen, trompetenförmigen Blüten der Gauklerblume zieren monatelang den Bachrand. Es gibt auch einjährige Züchtungen.

Standort: Sonnig bis halbschattig; liebt feuchte, sumpfige Böden; bis 5 cm Wassertiefe.
Wuchs: 30 bis 40 cm hoch; ausladender, buschiger Wuchs. Mehrjährig.
Blüte: Mai bis September; gelbe, trompetenförmige Blüten mit rotem Schlund.
Pflanzung: Mai bis September; direkt in den Boden oder in Pflanzkörbe.
Pflege: Winterhart; sehr anspruchslos; bei zu starkem Wuchern auslichten.
Vermehrung: Samt sich reichlich aus; Stecklinge.

Nasturtium officinale
Brunnenkresse

Die in fließenden Gewässern beheimatete Brunnenkresse sieht nicht nur hübsch aus, sie schmeckt auch gut als Salat.

Standort: Halbschattig; flache, durchströmte Stellen am Bachufer; wächst nur in sauberem Wasser.
Wuchs: Bis 50 cm hoch; wächst auch völlig unter Wasser, blüht aber dann nicht; breitet sich schnell aus. Mehrjährig.
Blüte: April bis September; kleine, weiße Blüten in doldigen Trauben.
Pflanzung: Mai/Juni; liebt sandig-schlammigen Untergrund; gut geeignet für flache Pflanzkörbe.
Pflege: Winterhart; anspruchslos; bei Wuchern zurückschneiden;
Vermehrung: Aussaat, Stecklinge.

Rand und Sumpf

Wasserknöterich ist sehr wüchsig.

Attraktiver Bach-Anrainer: Hechtkraut.

Polygonum amphibium
Wasser-Knöterich

Der Wasserknöterich wächst je nach Standort als Wasser- oder Landpflanze.

Standort: Sonnig bis halbschattig; in langsam fließendem Wasser, Sumpfzone, Bachrand; bis 100 cm Wassertiefe.
Wuchs: Schwimmblattpflanze mit langgestielten, weichen Blättern; als Landpflanze etwa 20 cm hoch mit schmäleren Blättern; kriechendes Rhizom. Mehrjährig.
Blüte: Juni bis September; rosafarbene Ähre über dem Wasser.
Pflanzung: Mai bis September; direkt in den Boden.
Pflege: Winterhart; bei Wuchern Blattstiele nahe am Rhizom abschneiden.
Vermehrung: Teilung.
Achtung: Die Blätter können Hautreizungen verursachen.

Pontederia cordata
Hechtkraut

Die blauen Blütenkerzen dieser nordamerikanischen Art bilden einen lebhaften Kontrast zu Weiß und Rot.

Standort: Sonnig bis halbschattig; Sumpfzone und ruhige Bachabschnitte; bis 20 cm Wassertiefe.
Wuchs: 60 bis 100 cm; große Blätter; kriechendes Rhizom. Mehrjährig.
Blüte: Juni bis Oktober; blaue Blütenkerzen, die an Hyazinthen erinnern.
Pflanzung: Mitte Mai; in Pflanzkörbe mit nährstoffarmem, sandig-lehmigem Substrat setzen.
Pflege: Wuchert bei hohem Nährstoffangebot; bei Bedarf auslichten; oberirdische Teile im Herbst abschneiden, frostempfindlich; Pflanzkorb mit Laub abdecken.
Vermehrung: Teilung.

Pflanzenporträts

Primula-Arten
Primeln

Primeln gehören zu den vielfältigsten und buntesten Blumen am Wasser, von denen einige Arten schon zeitig im Frühjahr ihre Blüten zeigen. Dies kommt schon in ihrem botanischen Namen zum Ausdruck, denn Primula leitet sich aus dem lateinischen Wort »primus« ab, was »der Erste« bedeutet. Im Handel sind zahlreiche Arten und Sorten, die sich für den feuchten Bachrand eignen, wie zum Beispiel die frühblühenden Kugelprimeln (*Primula denticulata*), die karmesinroten Rosenprimeln (*Primula rosea*), oder die ährenblütigen Orchideenprimeln (*Primula vialii*). Auch die Tibetprimel (*Primula florindae*), die zu den größten Primelarten gehört, steht am Bachrand sehr gut. Besonders attraktiv sind die sogenannten Etagenprimeln, auch Kandelaberprimeln genannt, die erst relativ spät ihre Blüten entfalten. Der Name deutet schon auf ihr ungewöhnliches Aussehen hin. Die Blütenstände stehen nämlich stockwerkartig übereinander. Im Handel sind etwa *P.-Bullesiana*-Hybriden, *P. bulleyana* oder *P. japonica* mit ihren Sorten in vielen Farben.

Standort: Halbschattig oder schattig; Bachrand; feuchte, humose, lehmige, nährstoffreiche Böden, die aber nicht staunaß sein dürfen..
Wuchs: Je nach Art und Sorte 10 bis 100 cm hoch. Die fleischigen Blattrosetten erscheinen häufig erst nach der Blüte. Mehrjährig.
Blüte: Februar bis August, unterschiedliche Blütenformen, unzählige Farben.
Pflanzung: Im Herbst; in kleinen Gruppen direkt in die Erde setzen, der man Kompost oder Laubhumus zusetzen sollte.
Pflege: Winterhart; anspruchslos; Boden darf nicht austrocknen; im Frühjahr etwas Kompost geben.
Vermehrung: Aussaat oder Teilung des Wurzelstocks nach der Blüte oder im Frühjahr; häufiges Teilen fördert Blühwilligkeit.
Achtung: Die Pflanzen enthalten hautreizende Stoffe.

Kugelprimeln blühen zeitig im Frühjahr.

Orchideenprimel.

Rand und Sumpf

Ranunculus aquatilis
Wasserhahnenfuß

Der unverwüstliche Wasserhahnenfuß breitet Jahr für Jahr einen weißen Blütenteppich über den Wasserspiegel. Ober- und unterhalb des Wassers bildet er unterschiedliche Blattformen aus.

Standort: Sonnig bis halbschattig; langsam fließendes oder stehendes Wasser; bis etwa 60 cm Wassertiefe.
Wuchs: Lange, weitverzweigte Stengel; Schwimmblätter herz- bis nierenförmig; Unterwasserblätter in zahlreiche fadenförmige Zipfel unterteilt. Mehrjährig.
Blüte: Mai bis August; Blüten weiß, ragen über den Wasserspiegel.
Pflanzung: Herbst oder Frühjahr in den Boden oder in Pflanzkörbe.
Pflege: Winterhart; anspruchslos; wuchert stark, bei Bedarf auslichten; im Herbst etwa $1/3$ der Pflanzen aus dem Bach entfernen.
Vermehrung: Teilung.

Ranunculus lingua
Zungenhahnenfuß

Der immergrüne Zungenhahnenfuß verzaubert mit seinen goldgelben Blüten die Ränder langsam fließender Gewässer.

Standort: Sonnig bis halbschattig; Sumpf- und Flachwasserzone; bis 40 cm Wassertiefe.
Wuchs: 120 bis 150 cm; schmale, grüne Überwasserblätter, weiche, bräunliche Unterwasserblätter; ausläuferbildendes Rhizom. Mehrjährig.
Blüte: Juni bis August; 4 cm breite, gelbe Blüten; einzeln am Stengelende.
Pflanzung: Herbst oder Frühjahr in nährstoffarmen Boden oder in Pflanzkörbe
Pflege: Anspruchslos; winterhart; starke Ausläuferbildung, bei Bedarf auslichten.
Vermehrung: Teilung.
Weitere Arten: Für den feuchten Bachrand eignet sich die Goldranunkel (*Ranunculus acris* 'Multiplex') mit buschigem Wuchs und dicht gefüllten, leuchtend gelben Blüten.
Besonderheit: Geschützte Pflanze! Stark gefährdet!
Achtung: Alle *Ranunculus*-Arten sind giftig.

Die zarten Blüten des Zungenhahnenfußes.

Wasserhahnenfuß ist unverwüstlich.

Pflanzenporträts

Blütendolde des Pfeilkrauts.

Die Früchte des Igelkolbens erscheinen ab August.

Sagittaria sagittifolia
Pfeilkraut

Die großen Blätter, die wie Pfeilspitzen aussehen, haben der Pflanze den Namen gegeben.

Standort: Sonnig bis schattig; Sumpfzone; bis 30 cm Wassertiefe.
Wuchs: 60 bis 100 cm hoch; pfeilförmige Blätter; bildet Horste, die aus Knollen wachsen. Mehrjährig.
Blüte: Juli bis August; weiße Blüten an verzweigter Rispe.
Pflanzung: Knollen im April pflanzen; in Pflanzkörbe setzen, um übermäßige Ausbreitung zu verhindern.
Pflege: Knolle winterhart; im Frühjahr abgestorbene Blätter und Stengel entfernen, bei Bedarf auslichten.
Vermehrung: Knollen an den Ausläuferenden im Herbst abnehmen und einsetzen.
Achtung: Knollen können Hautreizungen verursachen.

Sparganium erectum
Ästiger Igelkolben

Besonders attraktiv sind die kugeligen, stacheligen Früchte, die wie zusammengerollte Igel aussehen.

Standort: Sonnig bis halbschattig; Sumpfzone, in Pflanzkörben auch im flachen Wasser; bis 30 cm Wassertiefe.
Wuchs: 80 bis 100 cm; Blätter lang, schmal und spitz; bildet dichte Horste; ausläufertreibend. Mehrjährig.
Blüte: Juli bis August; grüne, unscheinbare Blüten, weibliche und männliche getrennt.
Pflanzung: Frühjahr bis Herbst; direkt kalkhaltige, nährstoffreiche Erde.
Pflege: Winterhart; die Pflanze neigt zum Wuchern, notfalls auslichten; im Frühjahr abgestorbene Blätter abschneiden.
Vermehrung: Teilung oder Aussaat.

Rand und Sumpf

Verschiedene Farbtöne erhältlich: Dreimasterblume.

Die Bachbunge bevorzugt kalkhaltigen Boden.

Tradescantia x andersoniana
Dreimasterblume

Die bei uns als Zimmerpflanze bekannte Dreimasterblume gibt es auch als wunderschöne Gartenart, die aus den USA stammt und dort in nassen Wiesen vorkommt.

Standort: Sonnig bis halbschattig; feuchter Bachrand.
Wuchs: Bis 50 cm hoch; wächst in buschigen horstartigen Polstern. Mehrjährig.
Blüte: Mai bis September; Dauerblüher, je nach Sorte verschiedene Blütenfarben.
Pflanzung: Oktober bis April, in Gruppen; feuchter, humusreicher Boden.
Pflege: Winterhart; anspruchslos; nach der Blüte zurückschneiden; abgestorbene Triebe im Frühjahr abschneiden. Boden darf nicht austrocknen.
Vermehrung: Teilung.

Veronica beccabunga
Bachbungen-Ehrenpreis

Die Bachbunge wächst, wie ihr Name schon sagt, gern an Bachrändern im Flachwasser, doch gedeiht sie auch auf dem trockeneren Ufer.

Standort: Sonnig bis halbschattig; Bachrand, Sumpfzone; bis 10 cm Wassertiefe.
Wuchs: 20 bis 30 cm hoch; fleischige, ovale Blätter; niedriger, kriechender Wuchs, bildet dichte Polster. Mehrjährig.
Blüte: Mai bis September; kleine, kräftig blaue Blütentrauben.
Pflanzung: Frühjahr, in Gruppen; liebt nährstoffreichen, schlammigen, kalkhaltigen Boden.
Pflege: Winterhart; bei Wuchern Triebe einkürzen.
Vermehrung: Ableger.

Pflanzenporträts

Natürliche Regler – Unterwasserpflanzen

Unterwasserpflanzen sind für einen gesunden Bach wichtig. Sie entziehen dem Wasser überschüssige Nährstoffe und reichern es mit Sauerstoff an. Viele Arten bedecken den Boden mit einem grünen Unterwasserrasen und bieten dadurch vielen Kleintieren Schutz vor der Strömung.

Bietet Insekten Lebensraum: Quirliges Tausendblatt.

Ceratophyllum demersum
Rauhes Hornblatt

Standort: Sonnig bis halbschattig; in ruhigem oder langsam fließendem Wasser; 30 bis 100 cm Wassertiefe.
Wuchs: Unterwasserpflanze mit langen Stengeln; Blätter rauh, borstig, in vielgliedrigen Quirlen. Mehrjährig.
Blüte: Juni bis September; selten.
Pflanzung: Mai bis Oktober, in den Boden oder in Pflanzkörbe.
Pflege: Bei Bedarf auslichten. Überwintert als grüne Pflanze.
Vermehrung: Stengelteile einsetzen.

Elodea canadensis
Wasserpest

Standort: Sonnig bis halbschattig; in langsam fließendem Wasser; 20 bis 150 cm Wassertiefe.
Wuchs: Pflanze mit weichen, verzweigten Stengeln; Blätter zartgrün, zu dritt an einem Quirl, wurzelt im Boden. Überwintert grün auch in flachem Wasser. Mehrjährig.
Blüte: Mai bis September.
Pflanzung: April bis November, direkt in den Bachgrund oder an einen Stein gebunden im Wasser versenken.
Pflege: Winterhart; anspruchslos; bei Bedarf auslichten; blüht bei uns selten. Kalkhaltiges Substrat fördert das Wachstum sehr stark.
Vermehrung: Aus jedem abgebrochenen Pflanzenteil wächst eine neue Pflanze.

Fontinalis antipyretica
Quellmoos

Standort: Sonnig bis halbschattig; 20 bis 100 cm Wassertiefe.

Wuchs: Festsitzendes Moos mit über 30 cm langen, verzweigten Stengeln, die in Büscheln wachsen; Blätter klein. Mehrjährig.

Rauhes Hornblatt.

Laichkraut.

Unterwasserpflanzen

Pflanzung: April bis Oktober, an einen Stein binden und im Wasser versenken. Braucht keinen Bodengrund.
Pflege: Winterhart. Überwintert grün.
Vermehrung: Teilung.

Myriophyllum-Arten
Tausendblatt

Standort: Sonnig bis halbschattig; in ruhigem Wasser; 20 bis 50 cm Wassertiefe.
Wuchs: Stengel oft verzweigt; mit zarten gefiederten Blättern. Mehrjährig.
Blüte: Juni bis August; blaßrosa Blütenähren, die über den Wasserspiegel ragen.
Pflanzung: April bis August, an Stein binden und versenken.
Pflege: Winterhart; wuchernde Nachbar-

Die Blüten des Flutenden Hahnenfußes ragen meist über das Wasser.

Ähriges Tausendblatt.

pflanzen eindämmen.
Vermehrung: Durch abgetrennte Seitentriebe.

Potamogeton-Arten
Laichkräuter

Standort: Sonnig bis halbschattig; in langsam fließendem Wasser; 20 bis 100 cm tief.
Wuchs: Schwimmblatt- und Unterwasserpflanzen. Mehrjährig.
Blüte: Juni bis September; rötliche Ähren, die übers Wasser ragen.
Pflanzung: Mai bis September, in Bodengrund oder Pflanzkorb.
Pflege: Winterhart; im Herbst auslichten.
Vermehrung: Teilung oder Stecklinge.
Arten: Zum Beispiel Kammförmiges Laichkraut (*Potamogeton pectinatus*), Krauses Laichkraut (*Potamogeton crispus*), Durchwachsenes Laichkraut (*Potamogeton perfoliatus*), Schwimmendes Laichkraut (*Potamogeton natans*).

Ranunculus fluitans
Flutender Hahnenfuß

Standort: Sonnig bis halbschattig; in fließendem Wasser; 10 bis 100 cm Wassertiefe.
Wuchs: Bis zu 6 m lange Stengel.
Blüte: Juni bis August.
Pflanzung: April, in den Boden oder in Pflanzkörbe.
Pflege: Winterhart; anspruchslos.
Vermehrung: Aussaat, Stecklinge.
Achtung: Alle Arten sind giftig!

Farne für Quelle und Bachrand

An natürlichen Bächen und Quellen sind häufig Farne und Moose zu finden. Das bewegte Wasser bringt genau die Luftfeuchte, die diese Pflanzen brauchen. Sie eignen sich deshalb gut zur Pflanzung auch an schattigen oder halbschattigen Bachrändern. Farne prunken nicht durch auffallende, bunte Blüten, sondern strahlen mit ihren grünen, filigranen Wedeln stimmungsvolle Ruhe aus. Besonders schön wirken sie beim Austrieb, wenn sich die Blätter wie Bischofsstäbe langsam entrollen. Es gibt immergrüne Arten, die dem Bachrand auch im Winter ein grünes Kleid geben. Die meisten Farne sind anspruchslos und winterhart und müssen nur durch regelmäßiges Abschneiden der welken Wedel gepflegt werden. Sie wollen möglichst viele Jahre am gleichen Platz bleiben und entwickeln sich dort zu kräftigen, grünen Horsten. Kombiniert man verschiedene Farnarten miteinander, können durch die unterschiedlichen Blattformen natürlich wirkende, harmonische Bachbereiche geschaffen werden.

Onoclea sensibilis
Perlfarn

Die perlschnurartig aufgereihten Sporenkapseln gaben dem hübschen Perlfarn seinen Namen.

Standort: Sonnig bis schattig; Bachrand, »Quellhügel«.
Wuchs: 40 bis 90 cm hoch; gefiederte Wedel; flach kriechendes Rhizom; bildet üppige Bestände. Mehrjährig.
Pflanzung: Frühjahr; vor dem Einpflanzen alte verholzte Wedel abschneiden; saurer bis neutraler Boden (etwas Knochenmehl und Laub in Boden einarbeiten); Pflanzabstand 30 bis 40 cm.
Pflege: Frostempfindlich; vor den ersten Nachtfrösten mit Laub oder Reisig abdecken.
Vermehrung: Teilung; Ausläufer.

Polystichum-Arten
Schildfarn

Die verschieden geformten Wedel der Schildfarne sind eine Zierde für jeden Garten und gedeihen gut an Bachrändern.

Standort: Halbschattig bis schattig; Bachrand, »Quellhügel«.
Wuchs: 30 bis 100 cm hoch; gefiederte Wedel, je nach Art glänzend oder behaart, manche wintergrün. Mehrjährig.
Pflanzung: Herbst oder Frühjahr; die meisten Arten mögen humusreichen, lockeren Boden.
Pflege: Viele winterharte Arten, manche müssen vor Nachtfrösten bzw. praller Wintersonne geschützt werden, sonst werden die grünen Wedel braun. Abgestorbene Wedel im Frühjahr abschneiden. Darf nicht austrocknen.
Vermehrung: Teilung; Sporenaussaat; manche Arten entwickeln Brutknospen, aus denen sich neue Pflanzen entwickeln.

Thelypteris palustris
Sumpffarn

Ein Farn, der geradezu ideal für den Bach ist. Er steht gerne mit den Wurzeln im Wasser und paßt gut zu anderen robusten Sumpfpflanzen.

Standort: Halbschattig bis schattig; Sumpfzone, flache stille Stellen am Bachufer; bis 20 cm Wassertiefe.
Wuchs: 30 bis 100 cm hoch; bildet keine Rosette, sondern einzelstehende, schlanke, hellgrüne gefiederte Wedel; kriechendes, schwärzliches, dünnes Rhizom. Mehrjährig.
Pflanzung: Frühjahr; in kalkarmen, leicht sauren, sandig-lehmigen Boden oder in Pflanzkörbe.
Pflege: Winterhart, anspruchslos; bei Wuchern Rhizom einkürzen.
Vermehrung: Teilung.

Farne sind ideale Pflanzen, um die Bachquelle naturnah zu gestalten.

Sach- und Pflanzenregister

Die **halbfett** gesetzten Seitenzahlen verweisen auf Farbfotos und Zeichnungen. Auf den mit * gekennzeichneten Seiten finden Sie Beschreibung und Pflegehinweise zur jeweiligen Pflanze. U = Umschlagseite.

Ähriges Tausendblatt **57**
Amerikanischer Fluß-
  krebs 37
Anlegen, Bachlauf 13,
  18, **18**
Astacus astacus 37
Ästiger Igelkolben 54*

Bachbunge 30, 44, 55*,
  55
Bachflohkrebs 36, 37
Bachschalen 16, **17**
Bepflanzen 30, 31, **31**
Bergbach 6, **7**
Binse 48*, **48**
Blaue Binse 48
Blaue Schwertlilie **41**,
  47
Bläuling **U1**
Blutweiderich **U1**, 30,
  31, 49*, **49**
Breite 12
Brunnenkresse 50*, **50**
Butomus umbellatus 30,
  44, 45*, **45**

*C*alla palustris 30, 44,
  45*, **45**
Caltha palustris 44, 46*,
  46, **U4**
Carex
  – *acutiformis* 46
  – *elata* 46
  – pseudocyperus 46*, **46**
*Ceratophyllum demers-
  um* 56*, **56**

Dreimasterblume 55*,
  55
Dünger 28
Durchwachsenes Laich-
  kraut 57

Eintagsfliegenlarve 36
Elodea canadensis 56*
Etagenprimel **U2/1, 29,
  41, 44,** 52

Farne 30, 58, **59**
Fertigbach 16
Fieberklee 11, 30, 44,
  49*, **49**
Filter 21
Fische 38, 39
Flatterbinse 48*, **48**
Fließgeschwindigkeit 12
Flußkrebs 37
Flutender Hahnenfuß
  57*, **57**
Folie 16, **18**
Fontinalis antipyretica
  56*
Förderhöhe 11, 21
Frühjahr 32

*G*ammarus pulex 37
Gartenteich 8
Gauklerblume **27**, 50*,
  50
Gefälle 6, 8, 10, 11, 12
Gefüllter Hahnenfuß **43**
Gelbe Schwertlilie **36**,
  47, **47**
Gelbrandkäfer 36, **38**
-larve **38**

Gitterkorb 31, **31**
Goldranunkel 53
Gräser **27**, 30
Große Pechlibelle **U4**

Hahnenfuß **43**, 53*, **53**,
  57*, **57**
Hang 11
Hechtkraut **3**, 51*, **51**
Herbst 32
Himmelsleiter **29**
Hufeisen-Azurjungfer **3**

Igelkolben 30, 54*, **54**
Inseln 11
Iris 30, 47*, **47**
  – *kaempferi* 47
  – *laevigata* 47
  – *pseudacorus* **36**, 47
  – *sibirica* **41**, 47, **47**
Ischnura elegans **U4**

Jagdspinne 36
Japanische Schwertlilie
  47
Juncus
  – *compressus* 48
  – *effusus* 48*, **48**
  – *ensifolius* 48
  – *inflexus* 48

Kammförmiges Laich-
  kraut 57
Kandelaberprimel 52
Kaskaden **9**
Kleiner Rohrkolben 11
Knollenbinse 48
Köcherfliegenlarve 36
Krause Laichkraut 57
Kriechweide 44
Kugellauch **43**
Kugelprimel 52, **52**

Laichkraut **56**, 57*
Länge 12
Leistung der Pumpe 21
Libelle 36, **36**

Libellula fulva **36**
*Lysimachia nummu-
  laria* 44, 48*, **48**
Lythrum salicaria **U1**,
  30, 31, 49*, **49**

Mäander 6, 12
Materialien 16
Menyanthes trifoliata
  30, 44, 49*, **49**
Mimulus
  -Hybride 27
  – *luteus* 50*, **50**
Mohn **27**
Mühlstein 14, **14**
Mündung 6, 8, 13
Myriophyllum **56**, 57*,
  57

*N*asturtium officinalis
  50*, **50**
Natürlicher Bach 6

*O*noclea sensibilis 58*
Orchideenprimel 52, **52**
Orconectes limosus 37

Pannenhilfe 34
Perlfarn 58*
Pfeilkraut 54*, **54**
Pfennigkraut 11, 44,
  48*, **48**
Pflanzbehälter 31, **31**
Pflanzen 28, 29, 42, 44
  –, geschützte 28
  –, gesunde 28
  –, giftige 28
  – setzen 30, 31, **31**
Pflanzzonen 30, **30**
Pflege 32, 33
pH-Wert 32
Planen 13, 18
Plätscherbach 6, **7**, 8, **9**,
  11, 12, 14
Polygonum amphibium
  51*, **51**
Polystichum 58*

Paradiesisch leben.
Mit GU.

Ob kleines Usambaraveilchen, riesige Palme oder edler Rosenstrauch – so richtig grünt und blüht es im Zimmer, auf dem Balkon und im Garten nur dann, wenn Sie auch die Ansprüche Ihrer Pflanzen kennen.

Das nötige Wissen über Kauf, Pflanzung und Pflege vermitteln die

- GU Ratgeber Zimmerpflanzen
- GU Ratgeber Balkon und Terrasse
- GU Ratgeber Garten.

14,80 DM

14,80 DM

14,80 DM

14,80 DM

14,80 DM

Pontederia cordata 51*, **51**
Potamogeton **56**, 57*
– *crispus* 57
– *natans* 57
– *pectinatus* 57
– *perfoliatus* 57
Prachtlibelle 36
Primel 30, 31, 52*, **52**
Primula 31, 52*, **52**
-Bullesiana-Hybriden 52
– *bulleyana* 52
– *denticulata* 52
– *florindae* 52
– *japonica* **U2/1, 51**
-*japonica*-Hybride **29**
– *rosea* 52
– *vialii* 52
Pumpe 8, 10, 11, 20, **20,** 21, 32
Purpur-Weide 44

Quellbecken 14, **15**
Quelle 6, 8, 12, 13, 14, **20**
Quellmoos 56*
Quellstein **5**, 14, **14**
Quelltopf 14, **14**
Quirliges Tausendblatt **56**

Rand 24, **24,** 25
-zone 30, **30**
Ranunculus
– *acris* ‚Multiplex' 53
– *aquatilis* 53*, **53**
– *fluitans* 57*, **57**
– *lingua* 53*, **53**
Rauhes Hornblatt 56*, **56**
Regenrinne 15, **15**
Rohrkolben 11
Rosenprimel 52

Sagittaria sagittifolia 54*, **54**
Salix 44

– *purpurea* ‚Gracilis' 44
– *repens* 44
Sammelgrube **18,** 19
Säuregrad 32
Schildfarn 58*
Schilf 11
Schlangenknöterich **43**
Schwanenblume 11, 30, 44, 45*, **45**
Schwertlilie **27**, 47*, **47**
Schwimmendes Laichkraut 57
Segge 46*, **46**
Sickergrube 19
Soforthilfe 34
Sommer 32
Sparganium erectum 30, 54*, **54**
Spinne **36**
Spitzfleck-Libelle **36**
Staustufen 8, **9,** 10, 11, 12, 18, **19**
Steg **10**
Steife Segge 46
Steilufer 25, **25**
Storchschnabel **41**
Sumpf-Iris 11
Sumpfdotterblume 11, 44, 46*, **46, U4**
Sumpffarn 58
Sumpfkalla 30, 44, 45*, **45**
Sumpfsegge 46
Sumpfzone 19, **19,** 24, **25,** 30, **30,** 37

Taumelkäfer 36
Tausendblatt **56**, 57*, **57**
Teich 8
-filter 21
-folie 16, **18**
Thelypteris palustris 58*
Tibetprimel 52
Tiefe 12
Tiere 11, 36, 37
Tradescantia x andersoniana 55*, **55**

Ufer 25, **25**
-befestigung 24, **24,** 25

Verlauf 12
Veronica beccabunga 30, 44, 55*, **55**

Wasserfall **U1,** 8, 11, 13, 15, **15,** 19
Wasserhahnenfuß 53*, **53**
Wasserknoterich **44,** 51*, **51**
Wasserpest 56*
Wasserpumpe 8, 11, 20, **20,** 21 32
Wasserspeier 14, **15**
Weide 44
Wiesenbach 6, 8, 11, 12, 14
Winter 33

Zungenhahnenfuß 53*, **53**
Zwerg-Binse 48
Zyperngras-Segge 46*, **46**

Adressen, die weiterhelfen

In der Regel bekommen Sie alles, was Sie fürs Bachanlegen benötigen, im Garten- oder Zoofachhandel, in Gartencentern oder Baumärkten. Es gibt aber auch Firmen, die sich auf Grundmaterialien und Zubehör für Gewässer im Garten spezialisiert haben, und Ihnen Informationsmaterial und Bezugsquellen in Ihrer Nähe nennen. Die Adressen erfahren Sie aus Gartenzeitschriften und den Gelben Seiten. Dort finden Sie auch Spezialgärtnereien, die eine große Auswahl an Wasserpflanzen anbieten.

Naturschutzorganisationen

An diese Organisationen können Sie sich wenden, wenn Sie mithelfen wollen, natürliche Bäche »wiederzubeleben«.
BUND
Bundesgeschäftsstelle, Im Rheingarten 7, D-53225 Bonn (Regionalverbände dem örtlichen Telefonbuch entnehmen)
Österreichischer Naturschutzbund, Haus der Natur, Arenberggasse 10, A-5020 Salzburg
Schweizer Bund für Naturschutz, SBN, Wartenbergstraße 22, CH-4020 Basel

Literatur die weiterhilft

(falls nicht im Buchhandel, dann in Bibliotheken erhältlich)

Hansen, R., Stahl, F.:
Die Stauden und ihre Lebensbereiche.
Ulmer Verlag, Stuttgart

Jansen, A.: *Teichpflanzen einsetzen und pflegen.*
Gräfe und Unzer Verlag, München

Mehr Freude am Garten.
ADAC-Ratgeber für Natur- und Pflanzenfreunde. Verlag Das Beste, Stuttgart

Oudshoorn, W.: *Farne für Haus und Garten.*
Ulmer Verlag, Stuttgart

Stadelmann, P.: *Großer GU Ratgeber Gartenteich. Die schönsten Ideen für Bachläufe, Teiche und Wassergärten.* Gräfe und Unzer Verlag, München

Stadelmann, P.: *Gartenteich – anlegen und bepflanzen.*
Gräfe und Unzer Verlag, München

Wilke, H.: *Der Naturteich im Garten.*
Gräfe und Unzer Verlag, München

Zeitschriften, die weiterhelfen

FLORA
Gruner + Jahr AG & Co,
20444 Hamburg

mein schöner Garten
Verlag Burda GmbH,
Hauptstraße 130,
77652 Offenburg

Warnung und Hinweis
In diesem Buch sind elektrische Geräte, zum Beispiel Wasserpumpen oder Filter beschrieben, die für das Funktionieren eines Baches nötig sind. Sie müssen mit besonderer Sorgfalt behandelt werden.- Um Unfälle zu vermeiden, die in Verbindung mit Anlage und Betrieb eines Gewässers auftreten können, beachten Sie bitte den Text »Sicherheit und Recht rund um den Bach« auf der Seite 22.

Die Fotografen

Angermayer/Elfner: Seite 59;
Becker: Seite U1 (großes Foto), U2, 2, 9, 10, 20 u., 26/27, 40/41, 41 re., 43, 44, 47 u., 52 u., 64/U3;
Borstell: Seite 3 li., 20 o., 27 re., 33, U4 o.re.;
Hecker: Seite 36 o.;
Himmelhuber: Seite 50 re., 52 o.;
Knapp: Seite U4 u.;
König: Seite 46 li., 48 re.;
Labhardt: Seite 3 re., 54 li., re.;
Metzger: Seite 36 u., 38 o., u.;
Reinhard: Seite 5 re., 29, 45 re., 47 o., 53 o., 55 re., 57 o., u., U4 o. li.;
Sammer: Seite 35, 50 li., 56 u.li.;
Schlaback-Becker: Seite 4/5;
Stehling: Seite 23;
Strauß: Seite 17, 45 li., 46 re., 48 li., 49 li., re., 51 li., re., 53 u., 56 o., 56 u. re.
Tessenow: Seite 7;
TIPHO/Titz: Seite U1 (kleines Foto), 55 li.

Die Fotos auf dem Umschlag

Umschlagvorderseite:
Ein Schleierfall: Das Wasser fließt als dünner Film vom überhängenden Stein ab. Kleines Foto: Bläuling auf Blutweiderich (*Lythrum salicaria*). Umschlagseite 2: Etagenprimeln (*Primula japonica*) können bis zu 1 m hoch werden. Umschlagrückseite, oben links: Das Plätschern des Wassers hat eine beruhigende Wirkung. Oben rechts: Sumpfdotterblume (*Caltha palustris*). Unten: Paarungsrad der Großen Pechlibelle (*Ischnura elegans*).

© 1996 Gräfe und Unzer Verlag GmbH, München
Alle Rechte vorbehalten. Nachdruck, auch auszugsweise, sowie Verbreitung durch Film, Funk und Fernsehen, durch fotomechanische Wiedergabe, Tonträger und Datenverarbeitungssystem jeder Art nur mit schriftlicher Genehmigung des Verlages.

Redaktion: Peter Völk
Lektorat: Karin Greiner, Christiane Gsänger, Angelika Weber
Umschlaggestaltung: Heinz Kraxenberger
Satz und Herstellung: Michael Bauer
Repro: Imago
Druck: Stürtz, Würzburg

ISBN 3-7742-2165-0

Auflage   4. 3. 2. 1.
Jahr   99 98 97 96

Farbenrausch am Bach

Bewegtes Wasser bringt mehr noch als ein eher beschaulich und beruhigend wirkender Teich Spannung in den Garten. Ob rasch über Steine springend oder sanft dahinplätschernd, ein Bach schafft eine ganz eigene Atmosphäre, die sich auch in der Bepflanzung widerspiegeln sollte. Farne, Gräser und andere Blattschmuckstauden sorgen als grüne Ruhepole für Harmonie und Ausgleich, während Blütenpflanzen, etwa Etagenprimeln wie hier auf diesem Bild, mit ihren leuchtenden Farben ein wahres Feuerwerk zu entfachen vermögen und so auffällige Akzente setzen. Beschränken Sie sich bei der Kombination jedoch lieber auf nur wenige Töne, um nicht zuviel Unruhe in das ohnehin schon lebhafte Bild zu bringen. Gerade am Bach gilt wie häufig bei Pflanzenarrangements, daß weniger oft mehr ist.

Kühlender Schatten und hohe Luftfeuchtigkeit – das sind die Standortbedingungen, in denen sich diese typischen Bewohner der Randzone wohlfühlen: Farn und Kandelaberprimel.